Marianne Paquin

Frisch gepflückt

Kochen mit Kräutern, Blüten, Früchten

Fotografie
Marianne Paquin und Marc Lacour

CHRISTIAN

Inhalt

» Ich ging in den Garten, ein Zweiglein Rosmarin zu brechen … «

Auch wenn Sie keinen Garten haben – die Natur vor der Haustür ist viel freigebiger, als der sonntägliche Spaziergänger ahnt. Nehmen Sie doch einmal einen Korb mit bei Ihren Ausflügen ins Freie. Füllen Sie Ihre Lungen mit frischer Luft und lassen Sie sich von Ihren Sinnen leiten und von der folgenden kleinen Meditation …

Sie wandern über Wiesen und Felder, auf einer Anhöhe steht ein Apfelbaum und spendet Ihnen kühlen Schatten. Pflücken Sie sich einen leuchtend roten Apfel und schmecken Sie, wie sein säuerlicher Saft Ihre Kehle erfrischt. Später tauchen Sie in den Wald ein, wo zwischen weichem Moos die Pilze aus der Erde sprießen und die Luft gesättigt ist vom Duft des feuchten Humus. Auf einer Lichtung blüht Löwenzahn. Dort entdecken Sie auch wild wuchernde Brombeersträucher, die inmitten ihres stachelbewehrten Dickichts köstliche Schätze bereithalten, glänzend schwarze Perlentrauben, die sich, wenn sie reif sind, ohne Widerstand pflücken lassen.

Zurück in der Küche, ist der Korb angefüllt mit den schönsten Früchten und Blüten aus dem Garten Eden. Die kulinarische Kreativität ist geweckt, und aus den gesammelten Köstlichkeiten können feine Gerichte entstehen, etwa Tagliatelle mit Pilzen oder eine Beerenkaltschale. Es waren schon immer die reinen Produkte aus der Natur, die Köchinnen und Köche zu ihren köstlichsten Kreationen inspiriert haben. Ihr Sammelgut sollten Sie natürlich immer gründlich waschen, auch wenn es aus dem eigenen Garten oder vom Balkon kommt. Beim Sammeln von Wildkräutern, Beeren und Pilzen achten Sie auf eine möglichst intakte Umgebung, fern von Autoverkehr, intensiver Landwirtschaft und Grünanlagen. Beim Einkauf greifen Sie am besten zu frischer Saisonware aus biologischem Anbau.

Die Natur belohnt jeden, der es versteht, ihre wunderbaren Gaben zu sehen, zu riechen und zu schmecken. Genießen Sie die köstlichen Aromen der Natur – und nutzen Sie deren Farbpalette, um aus Ihrem Mahl ein ästhetisches Erlebnis zu machen. So entsteht aus Kräutern, Blüten, Früchten und Pilzen eine natürliche Küche der Sinne. Die Natur hat angerichtet – bedienen Sie sich nach Herzenslust!

Kräuter

Thymian, Lorbeer,
Rosmarin

Thymian

Der niedrige Strauch wächst in Europas Süden wild an Berghängen und Böschungen und verbreitet einen betörenden Duft. Früher hat man seine antibakterielle Wirkung genutzt, um Speisen haltbar zu machen, heute sind seine kleinen Blätter, die zu den *fines herbes* zählen, unverzichtbar für die mediterrane Küche.

1. Toasts mit Foie gras und Thymian

> Für 4 Personen
> Zubereitung 10 Minuten

* 250 g rohe Entenstopfleber *(foie gras de canard)*
* 4 Zweige frischer Thymian
* 4 große Scheiben Landbrot
* 1 EL Salzblüte (*fleur de sel,* bestes Meersalz)
* 1 EL zerstoßener bunter Pfeffer

Den Thymian waschen, abtrocknen und abzupfen.
Die Entenstopfleber in dünne Scheiben schneiden und auf einen Teller legen. Mit Frischhaltefolie bedecken und kalt stellen.
Die Brotscheiben toasten und in 4 Stücke schneiden. Mit den Stopfleberscheiben belegen und dem Thymian, der Salzblüte und dem bunten Pfeffer bestreuen. Sofort servieren.

2. Gefüllte Wachteln mit Thymian

> Für 2 Personen
> Vorbereitung 10 Minuten
> Garzeit 15–20 Minuten

* 2 küchenfertige Wachteln
* 4 Zweige frischer Thymian
* 2 EL Olivenöl
* 2 Scheiben geräucherter Speck
* 100 g Zuckererbsen
* Salz und Pfeffer

Den Thymian waschen, abtrocknen und abzupfen.
Die Wachteln von innen und außen mit Olivenöl einreiben.
Den Thymian in die Bauchhöhle stecken, die Vögel salzen, pfeffern und mit den geräucherten Speckscheiben umwickeln.
Die Wachteln im vorgeheizten Ofen bei 180 °C 15–20 Minuten braten. Den Garprozess beständig überwachen. Inzwischen die Zuckererbsen 4 Minuten in kochendem Salzwasser blanchieren. Abgießen und auf Tellern anrichten.
Die gebratenen Wachteln auf die Zuckererbsen setzen und alles mit dem Bratensaft überziehen. Sofort servieren.

3. Tomaten mit Mozzarella und Thymian-Vinaigrette

> Für 4 Personen
> Zubereitung 10 Minuten

- 500 g kleine Tomaten
- 200 g Mini-Büffelmozzarella
- 4 Zweige frischer Thymian
- 1 EL Meaux-Senf (grober Senf)
- 1 Knoblauchzehe
- Essig
- 3 EL Olivenöl
- Salzblüte
- Zerstoßener bunter Pfeffer

Den Thymian waschen, abtrocknen und abzupfen.
Aus dem Senf, der unzerteilten Knoblauchzehe, dem Essig, Olivenöl und dem Thymian eine Vinaigrette zubereiten und etwas durchziehen lassen.
Die Tomaten waschen, halbieren und mit den Mozzarella-Kugeln dekorativ auf Tellern anrichten.
Die Knoblauchzehe aus der Vinaigrette entfernen und 2 Esslöffel Wasser unterrühren. Die Tomaten und den Mozzarella mit der Vinaigrette überziehen. Mit der Salzblüte und dem bunten Pfeffer bestreuen und sofort servieren.

4. Eingelegte Oliven mit Thymian

> Für 300 g Oliven
> Zubereitung 5 Minuten

- 300 g Oliven
- 3 Zweige frischer Thymian
- 300 ml Olivenöl
- 1 kleine getrocknete Chilischote
- 1 TL Salz

Den Thymian waschen, abtrocknen und abzupfen.
Das Olivenöl mit den Oliven, der Chilischote, dem Salz und dem Thymian in ein Glasgefäß füllen und verschließen. Vor dem Gebrauch einige Tage an einem dunklen Ort durchziehen lassen.

Thymianöl

> Ergibt 1 Liter
> Zubereitung 5 Minuten

- 1 l Olivenöl
- 6 Zweige frischer Thymian
- 2 Knoblauchzehen
- 3 Streifen Zitronenschale von einer unbehandelten Frucht

Das Olivenöl in eine Flasche füllen. Den gewaschenen und abgetrockneten Thymian, den geschälten Knoblauch und die Zitronenschale einlegen. Die Flasche verschließen und an einem dunklen Ort aufbewahren. Das Öl ist wunderbar zum Würzen von Salaten, Fisch und Gemüse geeignet.

2

3

4

5. Melone mit Sichuanpfeffer und Thymian

> Für 2 Personen
> Zubereitung 10 Minuten

* 1 reife Melone (etwa 1 kg, Kantalup oder Charentais)
* 1 TL Sichuanpfeffer
* 4 Zweige frischer Thymian
* 4 EL Muscat de Beaumes-de-Venise (ersatzweise weißer Portwein)

Die Melone schälen und in mundgerechte Stücke schneiden.
Den Sichuanpfeffer in Küchenpapier oder in ein Tuch einschlagen und mit einem Nudelholz zerstoßen.
Den Thymian waschen, abtrocknen und abzupfen.
Die Melonenstücke in Glasschalen oder Kelchen anrichten.
Mit dem zerstoßenen Sichuanpfeffer und dem Thymian bestreuen.
Etwas Beaume-de-Venise darüber träufeln und gut gekühlt servieren.

6. Tomaten gefüllt mit gewürztem Ziegenfrischkäse und Thymian

> Für 4 Personen
> Zubereitung 15 Minuten

* 4 schöne, große Tomaten (vorzugsweise grüne der Sorte Costuluto)
* 300 g Ziegenfrischkäse
* 2 Zweige frischer Thymian
* 2 EL Olivenöl
* 1/2 TL *piment d'Espelette* (mäßig scharfes Chilipulver aus dem baskischen Espelette)
* 1/2 TL gemahlener Paprika edelsüß
* 1/2 TL gemahlener Koriander
* 1/2 TL abgeriebene Muskatnuss
* 1/2 TL Salzblüte

Den Thymian waschen, abtrocknen und abzupfen.
Den Ziegenfrischkäse mit einer Gabel zerdrücken. Das Olivenöl, das Chilipulver, den gemahlenen Paprika und Koriander, die Muskatnuss, den Thymian und die Salzblüte zugeben und gründlich vermengen. Kalt stellen.
Die Tomaten waschen, abtrocknen und quer halbieren. Die Hälften aushöhlen. Die untere Hälfte großzügig mit dem gewürzten Ziegenkäse füllen und mit der oberen Hälfte wieder bedecken.
Bis zum Servieren kalt stellen. Die gefüllten Tomaten mit geröstetem Brot servieren.

7. Bloody Mary mit Thymian

> Für 2 Personen
> Zubereitung 5 Minuten

- 1,5 l Tomatensaft
- 2 Zweige frischer Thymian
- 10 cl Wodka
- 1/4 TL Worcestershiresauce
- 1/4 TL Tabasco
- 1 TL Zitronensaft
- Je 1 Prise Salz
- Je 1 Prise schwarzer Pfeffer
- 2 EL zerstoßenes Eis

Den Thymian waschen, abtrocknen und im Mixer zerkleinern.
Den Tomatensaft, den Wodka, die Worcestershiresauce, den Tabasco und Zitronensaft in einen Shaker geben und kräftig schütteln.
In Gläser füllen und mit dem zerkleinerten Thymian sowie Salz und Pfeffer würzen. Etwas zerstoßenes Eis zugeben und sofort servieren.

8. Thymian-Duftlämpchen

- Thymianzweige
- Gläser
- Bast
- Klebstoff
- Teelichter

Die Gläser mit einem Streifen Bast umwickeln, verknoten und eventuell mit ein wenig Klebstoff fixieren. Die Thymianzweige in gleich lange Stücke zerschneiden und rundherum zwischen Glas und Baststreifen klemmen. Je ein Teelicht in die Gläser einsetzen und die Duftlämpchen auf den Tisch stellen.
Durch die Wärme der Kerze verströmt das Lämpchen einen aromatischen Thymianduft.

Thymiantee

> Für 1 Tasse

- 2 Zweige frischer Thymian
- 150 ml Quellwasser
- 1 TL brauner Zucker

Den Thymian waschen, abtrocknen und abzupfen.
Quellwasser aufkochen, den abgezupften Thymian hineingeben und abseits des Herdes einige Minuten ziehen lassen. Den Tee servieren und nach Geschmack mit braunem Zucker süßen.
Befreit die Atemwege.

Lorbeer

Der immergrüne Baum, in Kultur ein Busch, der von der Antike bis heute für Sieg und Ruhm steht, gehört zum Bouquet garni der klassischen Küche. Seine ledrig glatten Blätter schmecken herb-bitter und entfalten ihre Würzkraft erst beim Garen. Nicht darauf ausruhen!

1. Geflügelspieße mit Lorbeer

> Für 4 Personen
> Vorbereitung 15 Minuten
> Garzeit 15 Minuten

* 4 Hähnchenbrüste
* 24 frische kleine Lorbeerblätter
* 2 EL Olivenöl
* Saft von 1 Zitrone
* 1 TL zerstoßener bunter Pfeffer
* 1 TL Salzblüte
* 8 Holzspieße

Die Hähnchenbrüste in Streifen schneiden. In einer Schüssel das Olivenöl mit dem Zitronensaft und dem bunten Pfeffer verrühren und das Fleisch darin 1 Stunde marinieren lassen.
Die Lorbeerblätter waschen und abtrocknen.
Den Backofengrill vorheizen.
Auf jeden Holzspieß immer abwechselnd 3 Lorbeerblätter und 3 Fleischstreifen stecken. Die Spieße auf ein mit Backpapier ausgekleidetes Blech legen und mit der Marinade überziehen. Das Blech in 20 cm Abstand von der Hitzequelle in den Ofen schieben und die Spieße 15 Minuten grillen. Nach der Hälfte der Garzeit wenden.
Die Spieße auf Tellern anrichten. Mit dem Bratensaft überziehen, mit der Salzblüte würzen und servieren.

3. Lorbeerkette

Frischer Lorbeer lässt sich am besten trocknen und aufbewahren, indem man die Blätter auf ein Küchengarn zieht und an einem trockenen, gut belüfteten Ort aufhängt.

2. Kalbsrouladen mit Coppa und Lorbeer

> Für 2 Personen
> Vorbereitung 10 Minuten
> Garzeit 25 Minuten

* 1 Kalbsfilet Mignon (etwa 300 g; der schmale vordere Teil des Filets)
* 8 dünne Scheiben Coppa (luftgetrockneter Schweinehals)
* 4 schöne frische Lorbeerblätter
* 1 Schalotte
* 2 EL Olivenöl
* 100 ml plus 2 EL Weißwein
* 1 TL bunter Pfeffer
* Küchengarn

Die Lorbeerblätter waschen und abtrocknen. Das Kalbsfilet in zwei Stücke schneiden.
Zwei Scheiben Coppa auf der Arbeitsfläche ausbreiten und je ein Lorbeerblatt darauf legen. Die Filetstücke darauf platzieren und mit einer weiteren Scheibe Coppa bedecken. Die freiliegenden Enden ebenfalls in Coppa einschlagen und die Päckchen wie einen Rollbraten verschnüren. Zwischen Schnur und Fleisch ein weiteres Lorbeerblatt stecken. Die Schalotte schälen und in Streifen schneiden. In einem Schmortopf in dem Olivenöl anschwitzen.
Die Fleischpäckchen einlegen und rundherum braun anbraten.
Den Weißwein zugießen und mit dem bunten Pfeffer würzen.
Zugedeckt auf kleiner Flamme 20 Minuten schmoren lassen. Falls der Wein vollständig verkocht, noch etwas Wasser zugießen.
Die Kalbsrouladen herausheben, den Topf mit 2 Esslöffeln Weißwein ablöschen und den Bratensatz losrühren. Die Rouladen anrichten, mit dem Bratensaft überziehen und sofort servieren.

1

2

3

4. Kabeljaufilets mit gelber Paprika und gebratenem Lorbeer

> Für 2 Personen
> Vorbereitung 20 Minuten
> Garzeit 10 Minuten

* 2 Kabeljaufilets
* 1 große gelbe Paprikaschote
* 6 frische Lorbeerblätter
* 4 EL Olivenöl
* 1/2 TL zerstoßener bunter Pfeffer
* 1/2 TL Salzblüte

Die Paprikaschote halbieren, Stiel und Samen entfernen. Die Paprikahälften mit der Außenseite nach oben auf den Backofenrost legen. Den Backofengrill vorheizen. Die Paprika einschieben und rösten, bis die Haut Blasen wirft. Die heiße Schote kurz in Zeitungspapier einwickeln, so lässt sich die Haut anschließend problemlos abziehen. Häuten, das Fruchtfleisch gründlich waschen, trockentupfen und in feine Streifen schneiden. Die Paprikastreifen bei milder Hitze in 2 Esslöffeln Olivenöl 10 Minuten sanft garen.
Die Lorbeerblätter waschen, abtrocknen und in feine Streifen schneiden. In einer Sauteuse in 2 Esslöffeln Olivenöl braten.
Mit einem Schaumlöffel herausheben und zum Abtropfen auf Küchenkrepp legen. Die Kabeljaufilets in die Sauteuse einlegen und von jeder Seite 3 Minuten braten. Auf jedem Teller ein Bett aus Paprikastreifen ausbreiten und die Kabeljaufilets darauf anrichten. Mit den gebratenen Lorbeerstreifen garnieren, dem bunten Pfeffer und etwas Salzblüte würzen und sofort servieren.

5. Lorbeerkartoffeln

> Für 4 Personen
> Vorbereitung 5 Minuten
> Garzeit 45 Minuten

* 16 kleine junge Kartoffeln
* 32 frische kleine Lorbeerblätter
* 1 TL Salzblüte

Die Lorbeerblätter waschen und abtrocknen.
Den Ofen auf 200 °C vorheizen.
Die Kartoffeln unter fließendem Wasser abbürsten, abtrocknen und der Länge nach halbieren. Die Hälften mit einer Messerspitze längs einschneiden und jeweils ein Lorbeerblatt in die Einschnitte stecken.
Die Kartoffeln auf ein Blech legen, in den unteren Teil des Ofens schieben und goldbraun backen. Darauf achten, dass der Lorbeer nicht verbrennt. Falls nötig, zum Schutz vor der Hitze mit einem Stück Backpapier bedecken.
Kurz vor dem Servieren mit der Salzblüte bestreuen.

6. Frische Erbsen mit Speck und Lorbeer

> Für 4 Personen
> Vorbereitung 15 Minuten
> Garzeit 15 Minuten

* 600 g frische Erbsen
* 200 g geräucherter Speck, in feine Scheiben geschnitten
* 8 frische kleine Lorbeerblätter
* 3 EL Olivenöl
* 1/2 TL Salzblüte
* 1/2 TL zerstoßener bunter Pfeffer

Die Erbsen palen. Die Lorbeerblätter waschen und abtrocknen.
Den Speck in einer beschichteten Pfanne bei lebhafter Hitze von allen Seiten knusprig braten. Auf Küchenpapier abtropfen lassen.
In einer Sauteuse die Erbsen mit dem Lorbeer in dem Olivenöl bei starker Hitze 3 Minuten anschwitzen. 2 Esslöffel Wasser zugeben, die Hitze reduzieren und zugedeckt weitere 5 Minuten garen.
Den Deckel abnehmen, den Speck untermengen und auf großer Flamme noch 3 Minuten weitergaren.
Mit der Salzblüte und dem bunten Pfeffer würzen und sofort servieren.

7. Pochierte Pfirsiche mit Lorbeer

> Für 2 Personen
> Vorbereitung 10 Minuten
> Garzeit 15 Minuten

* 4 Pfirsiche
* 6 frische Lorbeerblätter
* 500 ml weißer Süßwein
* 1 EL Honig

Die Pfirsiche 1 Minute in kochendem Wasser blanchieren. Kalt abschrecken und sofort schälen.
Die Lorbeerblätter waschen und abtrocknen.
Den Weißwein, den Honig und den Lorbeer in einer Kasserolle vermengen und zum Kochen bringen. Die Pfirsiche einlegen und 15 Minuten pochieren. Nach der Hälfte der Garzeit die Früchte vorsichtig wenden. Die Pfirsiche in Servierschälchen anrichten und abkühlen lassen.
Mit Mandelplätzchen oder Sandgebäck servieren.

Rosmarin

Die dichten Halbsträucher, die im Frühjahr mit kleinen lilafarbigen Blüten übersät sind, duften so stark, dass man sie früher bis aufs Meer hinaus riechen konnte – daher ihr Name *ros marinus,* Meertau. Ihre nadelförmigen Blätter besitzen starke Würzkraft und werden seit der Antike auch als Heilmittel verwendet.

1. Pochierte Aprikosen mit Rosmarin

> Für 2 Personen
> Vorbereitung 10 Minuten
> Garzeit 15 Minuten

* 6 Aprikosen
* 2 Zweige Rosmarin
* 200 ml Muscat de Beaumes-de-Venise (ersatzweise weißer Portwein)
* 1 Vanilleschote

Den Rosmarin waschen und abtrocknen. Jeden Zweig in sechs Stücke schneiden. Die Aprikosen halbieren, die Steine entfernen. Den Beaume-de-Venise in eine Kasserolle füllen, die längs gespaltene Vanilleschote einlegen und zum Kochen bringen.
Die Aprikosenhälften mit den Rosmarinstücken spicken, in den siedenden Wein einlegen und 15 Minuten pochieren. Die Früchte ab und zu behutsam wenden, damit sie von allen Seiten gleichmäßig mit dem Sirup überzogen werden. Die Vanilleschote nach dem Garen entfernen.
Die Aprikosen mit dem Sirup in Schalen anrichten und vor dem Servieren abkühlen lassen.

3. Rosmarintee

> Für 1 Tasse

Einen Zweig Rosmarin waschen, abtrocknen und abzupfen. 150 ml Quellwasser zum Kochen bringen und den Rosmarin darin ziehen lassen. Den Tee durch ein Sieb gießen und mit Honig oder Kandiszucker gesüßt servieren.

2. Kaninchenrücken mit Rosmarin und Erbsen

> Für 2 Personen
> Vorbereitung 10 Minuten
> Garzeit 20 Minuten

* 2 Kaninchenrücken (mit Bauchlappen)
* 1 blühender Rosmarinzweig von etwa 20 cm Länge
* 200 g frische gepalte Erbsen
* 2 in Öl eingelegte getrocknete Tomaten
* 1/2 TL schwarzer Pfeffer
* 2 EL Olivenöl
* 1/2 TL Salzblüte

Den Rosmarin waschen, abtrocknen und abzupfen.
Die getrockneten Tomaten auf Küchenkrepp abtropfen lassen.
Den Ofen auf 200 °C vorheizen.
Die Kaninchenrückenfilets flach ausbreiten. Pfeffern, die Hälfte des Rosmarins auf dem Fleisch verteilen und die getrockneten Tomaten darauf legen. Die Filets wie einen kleinen Rollbraten verschnüren, in eine kleine, ofenfeste Form legen und mit 1 Esslöffel Olivenöl überziehen. Im Ofen 20 Minuten braten.
Die Erbsen mit dem restlichen Rosmarin in 1 Esslöffel Olivenöl 7–8 Minuten dünsten.
Die Erbsen um die Kaninchenrücken herum verteilen. Mit der Salzblüte bestreuen, einigen Rosmarinblüten garnieren und servieren.

1

2

3

4. Tomaten-Mozzarella-Spieße mit Rosmarin

> Für 2 Personen
> Vorbereitung 10 Minuten
> Garzeit 5 Minuten

* 2 schöne Tomaten
* 2 Büffelmozzarellas
* 2 Zweige Rosmarin
* 4 EL Olivenöl
* 1/2 TL zerstoßener bunter Pfeffer
* 1/2 TL Salzblüte
* 2 Holzspieße

Die Tomaten 1 Minute in kochendes Wasser tauchen und häuten. Vierteln und die Kerne entfernen.
Den Rosmarin waschen und abtrocknen.
Den Ofen auf 200 °C vorheizen.
Die Mozzarellas auf je ein quadratisches Stück Alufolie legen und die Rosmarinzweige hineinstecken. Die Tomatenstücke auf die Holzspieße spießen und ebenfalls in die Käse stecken. Die Ränder der Alufolie leicht nach oben schlagen und die Pakete auf ein Blech setzen. Im Ofen 3–4 Minuten backen. Die Tomaten-Mozzarella-Spieße auf Tellern anrichten, mit Olivenöl beträufeln und mit dem bunten Pfeffer und der Salzblüte bestreuen. Dazu geröstetes Brot servieren.

5. Kleine Rotbarben mit Zitrone und Rosmarin

> Für 2 Personen
> Vorbereitung 10 Minuten
> Garzeit 15 Minuten

* 4 kleine Rotbarben
* 1 unbehandelte Zitrone
* 2 Zweige Rosmarin
* 4 EL Olivenöl
* 1 TL Fenchelsamen
* 1/2 TL zerstoßener weißer Pfeffer
* 1/2 TL Salzblüte

Die Rotbarben vom Fischhändler entschuppen und ausnehmen lassen.
Die Zitrone waschen und abtrocknen. Die Zeste mit einem Sparschäler abschälen und in ganz feine Streifen schneiden.
Den Rosmarin waschen, abtrocknen und abzupfen.
In einer ofenfesten Form das Olivenöl, die Fenchelsamen, die Zitronenstreifen, den weißen Pfeffer und den Rosmarin verteilen. Die Rotbarben einlegen, von allen Seiten in der Marinade wenden und im Kühlschrank 1 Stunde marinieren lassen.
Den Ofen auf 200 °C vorheizen. Die Rotbarben in der Marinade 15 Minuten backen. Während des Garvorgangs einmal mit der Marinade überziehen. Direkt vor dem Servieren salzen. Dazu passt ein Kartoffelpüree oder gedämpfter Fenchel.

5

6. Eingelegte Zitronen mit Rosmarin

> Ergibt 1 Glas
> Zubereitung 20 Minuten

* 6 unbehandelte Zitronen
* 3 Zweige Rosmarin
* 1 TL Wacholderbeeren
* 1 getrocknete Chilischote
* 5 EL grobes Salz

Den Rosmarin waschen, abtrocknen und abzupfen.
Die Zitronen waschen und mit einer dicken Nadel rundherum einstechen. In eine Schüssel legen, 2 Esslöffel grobes Salz zugeben und mit kaltem Wasser bedecken. 24 Stunden marinieren lassen.
Die Zitronen abgießen und an den Enden kreuzweise einschneiden. In ein Einmachglas legen, den Rosmarin, die Wacholderbeeren und die Chilischote sowie 3 Esslöffel grobes Salz zugeben und alles mit Wasser bedecken. Das Glas fest verschließen und die Zitronen 1 Monat marinieren lassen.
Vor allem die Schalen der eingelegten Zitronen verwendet man als besonders aromatisches Gewürz überall dort, wo Zitronenzeste erwünscht sind.

7. Liebesäpfel mit Rosmarinblüten

> Für 2 Personen
> Vorbereitung 15 Minuten
> Garzeit 10 Minuten

* 2 Äpfel
* 20 Rosmarinblüten
* 100 g Zucker
* 1/2 TL Zitronensaft
* 2 Holzspieße

Die Äpfel waschen und abtrocknen. Durch den Stängelansatz einen Holzspieß hineinstecken.
In einem beschichteten Topf den Zucker mit 2 Esslöffeln Wasser karamellisieren. Nicht umrühren; der Karamell sollte die Farbe von Honig haben.
Den Topf vom Herd nehmen und den Zitronensaft einrühren.
Die Äpfel nacheinander in dem Karamell wenden. Den Vorgang so lange wiederholen, bis sie von allen Seiten gleichmäßig mit Karamell überzogen sind.
Bevor der Karamell aushärtet, die Äpfel mit den Rosmarinblüten dekorieren. Die Liebesäpfel an einem trockenen, staubfreien Ort aufbewahren.

8. Erdbeerspieße mit Schokolade und Rosmarinblüten

> Für 2 Personen
> Vorbereitung 10 Minuten
> Garzeit 3 Minuten

* 12 Erdbeeren
* 100 g Zartbitterschokolade
* 100 ml Sahne
* 1 EL Rosmarinblüten
* 4 Holzspieße

Die Erdbeeren waschen und trockentupfen.
Die Schokolade im heißen Wasserbad schmelzen lassen. Abseits des Herdes mit einem Holzlöffel die Sahne unterrühren, bis sie vollständig eingearbeitet ist.
Die Erdbeeren auf die Holzspieße stecken, die untere Hälfte in die flüssige Schokolade tunken und anschließend in den Rosmarinblüten wenden. Abkühlen lassen.
Zu Eiscreme servieren.

Rosmarin-Duftlämpchen

* Rosmarinzweige
* Gläser
* Bast
* Klebstoff
* Teelichter

Einige kleine Gläser mit Bast oder Bindfaden umwickeln und verknoten. Je einen Zweig Rosmarin darum herumbinden und ein Teelicht ins Glas einsetzen.
Durch die Wärme des Kerzenlichtes verströmen die Lämpchen einen feinen Rosmarinduft.

Blüten

Kapuzinerkresse, Löwenzahn,
Lavendel, Primel, Stiefmütterchen,
Rose, Veilchen

Kapuzinerkresse

Das aus Lateinamerika stammende Küchenkraut blüht den ganzen Sommer hindurch leuchtend rot, gelb und orange. Selbst gepflanzt, verkleidet es in Windeseile nackte Gartenmauern und Zäune. Man verwendet sowohl die samtenen Blüten als auch die zarten Blätter, die beide ein feines, pfeffriges Aroma haben.

1. Exotischer Fruchtsalat mit Kapuzinerkresseblüten

> Für 2 Personen
> Zubereitung 15 Minuten

* 1 Karambole (Sternfrucht)
* 1 Passionsfrucht
* 2 Kumquats
* 4 Kapuzinerkresseblüten
* 2 Zweige Minze
* Saft von 1/2 Zitrone
* 1 EL Rohrzucker

Die Zitrone auspressen. Die Minze waschen, abtrocknen und abzupfen. Die Blütenblätter der Kapuzinerkresse ablösen.
Die Karambole waschen und in feine Scheiben schneiden.
Die Passionsfrucht halbieren und mit einem kleinen Löffel das Fruchtmark herausheben.
Die Kumquats waschen und in Scheiben schneiden.
Die Karambole- und Kumquatscheiben sowie das Passionsfruchtfleisch dekorativ auf Tellern anrichten. Mit dem Zitronensaft beträufeln und mit etwas Rohrzucker bestreuen.
Kurz vor dem Servieren mit der Minze und den Blütenblättern dekorieren.

2. Kapuzinerkresseröllchen gefüllt mit Ziegenkäse

> Für 4 Personen
> Zubereitung 30 Minuten

* 12 Kapuzinerkresseblätter mit Stängeln
* 1 Ziegenfrischkäse (Typ „Chavroux")
* 1/2 TL gemahlene Selleriesamen
* 1 TL gehackte Petersilie
* Einige Tropfen Tabasco
* 1/2 TL gemahlener Paprika
* 1 TL Schnittlauchröllchen
* 1/2 TL zerstoßener bunter Pfeffer
* 1/2 TL gemahlener Kreuzkümmel (Cumin)
* 1 TL Salzblüte

Den Käse in drei gleich große Portionen zerteilen. Ein Drittel mit dem gemahlenen Sellerie, der Petersilie, einigen Tropfen Tabasco und einer Prise Salzblüte vermengen. Das zweite Drittel Ziegenkäse mit dem Paprika, dem Schnittlauch und einer Prise Salzblüte würzen. Das letzte Drittel mit dem bunten Pfeffer, dem gemahlenen Kreuzkümmel und einer Prise Salzblüte vermengen.
Die Kapuzinerkresseblätter vorsichtig waschen und abtrocknen.
Einen Teelöffel der ersten Käsemasse auf ein Blatt setzen, zusammenrollen und mit dem Blattstängel verschnüren.
Auf diese Weise 4 Röllchen mit derselben Käsemasse zubereiten.
Mit den beiden anderen Käsemischungen in gleicher Weise verfahren. Die gefüllten Kresseröllchen auf einer Platte anrichten und bis zum Servieren in den Kühlschrank stellen. Dazu einen gut gekühlten Rosé als Aperitif servieren.

3. Kalte Gurkencremesuppe mit Kapuzinerkresse

> Für 4 Personen

> Zubereitung 20 Minuten

* 2 Gurken
* 8 Kapuzinerkresseblätter
* 8 Kapuzinerkresseblüten
* 2 Zweige Minze
* 1 Brühwürfel
* 200 ml Sahne
* 1/2 TL zerstoßener bunter Pfeffer
* 4 TL Olivenöl
* 1/2 TL Salzblüte

Den Brühwürfel in einem Glas warmem Wasser auflösen.
Die Gurken schälen und in Stücke schneiden.
Die Minze waschen, abtrocknen und abzupfen.
Die Kapuzinerkresseblätter waschen und abtrocknen.
Die Gurkenstücke, die aufgelöste Brühe, die Sahne, die Minzeblättchen und die Hälfte der Kapuzinerkresseblätter in der Küchenmaschine pürieren. Den bunten Pfeffer unterrühren und die Suppe im Kühlschrank durchkühlen lassen.
Zum Servieren die Gurkencremesuppe in Suppenschalen füllen, mit je 1 Teelöffel Olivenöl beträufeln und mit etwas Salzblüte bestreuen. Mit den Blättern und Blüten der Kapuzinerkresse dekorieren.

4. Kapuzinerkresse-Duftlämpchen

* Einige Blätter Kapuzinerkresse ohne Stiele
* Gläser
* Bast
* Teelichter

Die Kapuzinerkresseblätter um die Gläser drapieren und zum Fixieren mit je einem Basthalm umwickeln.
In jedes Glas ein Teelicht einsetzen.
Die Duftlämpchen brennen einen ganzen Abend lang.

5. Käseplatte mit Kapuzinerkresse

Eine Auswahl kleiner Käse auf gewaschenen und getrockneten Kapuzinerkresseblättern anrichten. Vorsichtig einzelne Blütenblätter aus den Kapuzinerkresseblüten herauslösen, die verschiedenen Käsesorten rundherum damit verzieren und daraus eine bunte, sommerliche Käseplatte zusammenstellen.

6. Tischsträußchen mit Kapuzinerkresse

Mehrere kleine Vasen oder Teelichtbehälter mit kaltem Wasser füllen, mit den Blättern und Blüten der Kapuzinerkresse bestücken und auf dem Tisch verteilen.
Die Blüten sind ganz unempfindlich und ein attraktiver Schmuck für jeden Tisch.

2

3

7. Rucolasalat mit Coppa, Parmesan und Kapuzinerkresseblüten

> Für 2 Personen
> Vorbereitung 10 Minuten
> Garzeit 2 Minuten

* 50 g Rucola
* 8 Scheiben Coppa (italienischer luftgetrockneter Schweinehals)
* 8 Späne Parmesan
* 8 Kapuzinerkresseblüten
* 16 kleine schwarze Oliven
* 2 EL Olivenöl
* 1 EL Balsamico-Essig
* 1/2 TL zerstoßener bunter Pfeffer
* 1/2 TL Salzblüte

Den Rucola waschen und gut abtropfen lassen oder trockenschleudern.
Die Blätter der Kapuzinerkresseblüten vorsichtig ablösen.
Die Coppa 2 Minuten in der Pfanne braten.
Den Rucola mit den Coppa-Scheiben, den Parmesanspänen und den Oliven dekorativ auf Tellern anrichten. Mit dem Olivenöl und dem Balsamico-Essig beträufeln.
Den Salat mit dem bunten Pfeffer bestreuen und mit den Blütenblättern dekorieren. Sofort servieren.

8. Vanilleeis mit Kapuzinerkresseblüten

> Für 2 Personen
> Zubereitung 5 Minuten

* 4 Kugeln Vanilleeis
* 6 Kapuzinerkresseblüten
* 2 EL Pfirsichlikör
* 2 Sandplätzchen

Die Blätter der Kapuzinerkresseblüten vorsichtig ablösen.
Den Pfirsichlikör auf zwei Gläser verteilen und die Vanilleeiskugeln hineingeben. Mit den Blütenblättern dekorieren, mit einem Sandplätzchen garnieren und sofort servieren.

6

7

8

9

9. Serviettenringe mit Kapuzinerkresse

* Einige Kapuzinerkresseblätter mit Stängeln
* Einige Blüten mit Stielen

Die Servietten in eine ansprechende Form bringen – einfach falten und in der Mitte zusammenfassen oder aufrollen – und mit den Blattstängeln verschnüren. Jeweils eine Blüte hinter die Stängel klemmen und die Servietten auf die Gedecke legen.

10. Hähnchenbrustfilets mit Tomaten und Kapuzinerkresseblüten

> Für 2 Personen
> Vorbereitung 15 Minuten
> Garzeit 15 Minuten

* 2 Hähnchenbrustfilets
* 150 g Kirschtomaten
* 12 Kapuzinerkresseblüten
* 1 Zitrone
* 2 Frühlingszwiebeln
* 2 Zweige Thymian
* 2 EL Olivenöl
* 1/2 TL zerstoßener bunter Pfeffer
* 1/2 TL Salzblüte

Die Zitrone auspressen. Die Frühlingszwiebeln waschen und in Scheiben schneiden.
Den Thymian waschen, abtrocknen und abzupfen.
Die Hähnchenbrustfilets in eine ofenfeste Form legen. Den Zitronensaft, das Olivenöl, die Frühlingszwiebeln, den Thymian und den bunten Pfeffer zugeben. Das Fleisch darin von allen Seiten wenden und 1 Stunde im Kühlschrank marinieren lassen. Zwischendurch einmal umdrehen.
Die Kirschtomaten waschen und halbieren.
Den Ofen auf 180 °C vorheizen.
Die Tomatenhälften um das Hähnchenfleisch herum verteilen und im Ofen 15 Minuten braten. Die Hähnchenbrustfilets in Scheiben schneiden und auf Tellern anrichten. Mit den Tomaten garnieren und mit dem Bratensaft überziehen. Mit den Kapuzinerkresseblüten dekorieren, etwas Salzblüte darüber streuen und sofort servieren.

Löwenzahn

Das Kraut, in Frankreich wegen seiner entwässernden Wirkung auch *pissenlit* genannt, übersät im Frühling die Wiesen mit seinen leuchtend gelben Mini-Sonnenblumen. Abgeblüht bilden ihre fedrigen Samen einen runden Bausch, der sich beim leisesten Windhauch verflüchtigt – die Pusteblume. Blätter und Blüten eignen sich für zahlreiche Gerichte.

Tagliatellini mit Löwenzahn, geräucherter Entenbrust und Trüffelöl

> Für 2 Personen
> Vorbereitung 10 Minuten
> Garzeit 3 Minuten

* 200 g frische Tagliatellini (schmale Tagliatelle)
* 10 Löwenzahnknospen
* 2 geöffnete Löwenzahnblüten
* 6 Scheiben geräucherte Entenbrust
* 1 EL Trüffelöl
* 30 g Butter
* 1/2 TL zerstoßener bunter Pfeffer
* 1/2 TL Salzblüte

In einer beschichteten Pfanne die Löwenzahnknospen in der Butter anschwitzen.
Die Entenbrustscheiben in Streifen schneiden.
Die Blütenblätter des Löwenzahns abzupfen.
In einem großen Topf reichlich Wasser zum Kochen bringen, salzen und die Tagliatellini 3 Minuten darin garen. Abgießen, kurz abtropfen lassen und mit 1 Esslöffel Trüffelöl vermengen.
Die Pasta auf Tellern anrichten und mit den Löwenzahnknospen, den Entenbruststreifen und den Blütenblättern garnieren. Mit dem bunten Pfeffer und der Salzblüte bestreuen und schön heiß servieren.

1. Kalte Rote-Bete-Cremesuppe mit Löwenzahnblüten

> Für 2 Personen
> Zubereitung 10 Minuten

* 2 Rote Beten, gegart
* 6 Löwenzahnblätter
* 6 Löwenzahnblüten
* 1/2 Zitrone
* 1 Joghurt, verrührt
* 1/2 TL zerstoßener Koriander
* 1/2 TL Salzblüte

Den Saft der Zitrone auspressen.
Die Löwenzahnblätter waschen und gut abtropfen lassen oder trockenschleudern. Mit dem Zitronensaft im Mixer zerkleinern.
Die Roten Beten schälen und in der Küchenmaschine pürieren.
Mit den zerkleinerten Löwenzahnblättern, dem Joghurt, dem zerstoßenen Koriander und der Salzblüte verrühren und im Kühlschrank durchkühlen lassen.
Die Blütenblätter des Löwenzahns abzupfen.
Die Rote-Bete-Cremesuppe in Suppenschälchen schöpfen und in der Mitte mit einigen Blütenblättern bestreuen.

1

2. Kalbsmedaillons mit jungen Zwiebeln und Löwenzahn

> Für 2 Personen
> Vorbereitung 10 Minuten
> Garzeit 25 Minuten

* 2 Kalbsmedaillons (mit einem Faden rund gebunden)
* 20 Löwenzahnknospen
* 2 geöffnete Löwenzahnblüten
* 6 kleine junge Zwiebeln oder Frühlingszwiebeln
* 20 g Butter
* 2 EL Olivenöl
* 150 g Zuckererbsen
* 1/2 TL Salzblüte
* 1/2 TL zerstoßener bunter Pfeffer

Die Zwiebeln waschen, schälen und je nach Größe der Knolle der Länge nach halbieren oder vierteln.
In einem Schmortopf die Zwiebeln in der Butter und dem Olivenöl anschwitzen. Die Kalbsmedaillons einlegen, kurz Farbe nehmen lassen und zugedeckt 15 Minuten schmoren lassen.
Die Zuckererbsen in einem großen Topf 5 Minuten in kochendem Salzwasser garen.
Die Löwenzahnknospen zu dem Fleisch in den Schmortopf geben, mit der Salzblüte und dem bunten Pfeffer würzen und zugedeckt weitere 5 Minuten garen. Die Zuckererbsen abgießen und ebenfalls zu den Medaillons geben.
Auf Tellern anrichten, mit den Blütenblättern garnieren und sofort servieren.

3. Blütenteller mit Löwenzahn

Einige Teller mit etwas Wasser benetzen, ein paar Löwenzahnblüten dekorativ darauf arrangieren und auf dem Tisch verteilen.

4. Löwenzahnsalat mit gebratenen Wachteleiern

> Für 2 Personen
> Vorbereitung 10 Minuten
> Garzeit 5 Minuten

* 100 g wilde Löwenzahnblätter
* 4 Löwenzahnblüten
* 4 Wachteleier
* 6 Kirschtomaten
* 1 Zweig Estragon
* 1/2 TL Senf
* 1 TL Essig
* 2 EL Olivenöl
* Salz
* Pfeffer

Die Löwenzahnblätter waschen und trockenschleudern.
Den Estragon waschen, abtrocknen und klein schneiden.
Aus Senf, Essig, Olivenöl, Salz und Pfeffer eine Vinaigrette zubereiten. Die Tomaten waschen, abtrocknen und halbieren.
Die Wachteleier in einer beschichteten Pfanne braten.
Die Salatblätter auf Tellern anrichten und mit der Vinaigrette überziehen. Die Tomaten und Wachteleier darauf arrangieren, mit dem Estragon bestreuen und mit den Blütenblättern dekorieren.
Sofort servieren.

5. Gebratene Garnelenspieße mit Löwenzahnblüten

> Für 4 Personen
> Vorbereitung 10 Minuten
> Garzeit 5 Minuten

* 12 Sägegarnelen *(crevettes roses)*, gegart
* 12 Löwenzahnknospen
* 4 geöffnete Löwenzahnblüten
* 1/2 Zitrone
* 2 EL Olivenöl
* 1/2 TL zerstoßener bunter Pfeffer
* 1/2 TL Salzblüte
* Holzspieße

Den Saft der Zitrone auspressen.
Die Köpfe der Garnelen abtrennen, die Schwänze bis auf das letzte Segment schälen.
Die Blätter der Löwenzahnblüten ablösen.
Die Garnelenschwänze immer wechselweise mit den Löwenzahnknospen auf Holzspieße stecken. Die Spieße in einer Pfanne in dem Olivenöl 5 Minuten braten. Nach der Hälfte der Garzeit wenden.
Die Garnelenspieße mit dem bunten Pfeffer und der Salzblüte bestreuen. Mit dem Zitronensaft beträufeln, den Blütenblättern dekorieren und als *amuse-bouche* (Appetithäppchen) mit einem gut gekühlten trockenen Weißwein servieren.

6. Löwenzahngelee

> Ergibt 6–8 kleine Gläser
> Vorbereitung 30 Minuten
> Garzeit 70 Minuten

* 450 g Löwenzahnblütenblätter
* 400 g grüne Äpfel
* 850 g Kristallzucker
* 1 Zitrone

Die Äpfel waschen, abtrocknen und in grobe Stücke schneiden.
Den Saft der Zitrone auspressen.
Die Äpfel mit dem Zitronensaft und den Blütenblättern in einen großen Marmeladenkochtopf geben. 750 ml Wasser zugießen und zum Kochen bringen. Auf kleiner Flamme 45 Minuten köcheln lassen.
Die Mischung über einem feinen Sieb oder Saftbeutel abseihen und den Saft auffangen.
Den Saft wiegen, mit der gleichen Menge Kristallzucker zurück in den Topf geben und weitere 25 Minuten köcheln lassen.
Die Gläser mit kochendem Wasser ausspülen und das Gelee einfüllen. Abkühlen lassen und mit Frischhaltefolie bedeckt an einem dunklen Ort aufbewahren.

3

4

5

6

Lavendel

Was wäre die Provence ohne ihre Lavendelfelder? Seifen und Parfums werden aus den ätherischen Ölen des Lavendels hergestellt, die neben ihrem Duft heilsame und beruhigende Wirkungen haben und sogar Pflanzenschädlinge fern halten. Doch auch in nördlicheren Breitengraden fühlt sich der Lavendel wohl.

1. Lavendel-Duftsträußchen

* Einige Zweige blühender Lavendel
* Bast

Ein Duftsträußchen aus Lavendel verbreitet nicht nur im Wäscheschrank einen angenehmen Wohlgeruch.
Die Blüten sollten dazu alle gleich hoch und die Stiele gleich lang sein. Das Sträußchen mit einem Halm oder mit Bast direkt unter den Blüten zusammenbinden. Die Stiele nach außen knicken und ohne sie abzubrechen wie ein kleines Gitter über den Blüten zusammenführen. Mit einem Band oder Bast verschnüren.

2. Aprikosenkompott mit Schlagsahne und Lavendel

> Für 4 Personen
> Vorbereitung 10 Minuten
> Garzeit 15 Minuten

* 300 g vollreife Aprikosen
* 250 ml Sahne
* 8 Zweige blühender Lavendel
* 1/2 Zitrone
* 1 TL Balsamico-Essig
* 1 EL Rohrzucker
* 1 EL Puderzucker

Den Saft der Zitrone auspressen.
Vier Lavendelzweige für Dekorationszwecke beiseite legen, die Blüten der anderen vier Zweige abstreifen.
Die Aprikosen entsteinen. Die Früchte mit dem Zitronensaft, den Lavendelblüten, dem Essig und dem Rohrzucker in einen Topf geben und 15 Minuten auf kleiner Flamme köcheln lassen.
Die Sahne mit einigen Tropfen Zitronensaft und dem Puderzucker steif schlagen.
Das Aprikosenkompott in Gläser füllen und abkühlen lassen.
Das Kompott mit einer Sahnehaube garnieren, mit den Lavendelzweigen dekorieren und sofort servieren.

3. Lavendelhonig

> Ergibt 1 Glas Honig
> Vorbereitung 5 Minuten
> Garzeit 10 Minuten

* 1 Glas Honig
* 6 Zweige blühender Lavendel

Die Lavendelblüten abstreifen.
Den Honig in einen Topf gießen. Die Lavendelblüten einrühren und 10 Minuten auf kleiner Flamme behutsam erhitzen. Der Honig darf jedoch keinesfalls kochen.
Den Honig in ein Glas füllen und abkühlen lassen. Die Lavendelblüten erfüllen ihn nach kurzer Zeit mit einem wunderbaren Aroma.

4. Lavendelkranz

* Einige Zweige blühender Lavendel
* Weidekranz oder Draht
* Bast

Einen Weidekranz oder runden Draht nehmen und die Lavendelzweige rundherum winden.
Um den Kranz einige Olivenzweige winden und mit Bast festbinden. Zum Schluss einen Aufhänger aus Bast fertigen.

5. Lammkoteletts mit Lavendel

> Für 2 Personen
> Vorbereitung 5 Minuten
> Garzeit 15 Minuten

* 4 Lammkoteletts
* 4 Zweige blühender Lavendel
* 1 Zweig Rosmarin
* 4 neue Kartoffeln
* 2 EL Olivenöl
* 1/2 TL zerstoßener bunter Pfeffer
* 1/2 TL Salzblüte

Die Lavendelblüten abstreifen. Den Rosmarin waschen, abtrocknen und die Nadeln abzupfen.
Die Kartoffeln waschen, abtrocknen und in Scheiben schneiden.
In einer Schüssel 1 Esslöffel Olivenöl mit dem Rosmarin und dem bunten Pfeffer vermengen, die Koteletts einlegen und 1 Stunde marinieren lassen. Zwischendurch einmal wenden. In einer Pfanne die Kartoffelscheiben in 1 Esslöffel Olivenöl braten.
In einer zweiten Pfanne die Koteletts anbraten, die Marinade und einige Lavendelblüten zugeben und gar braten. Die Lammkoteletts mit den Kartoffeln und den restlichen Lavendelblüten auf Tellern anrichten. Mit der Salzblüte würzen und sofort servieren.

1

2

3

4

6. Lavendeltee

> Für 1 Tasse

* 1 Zweig blühender Lavendel
* 150 ml Quellwasser
* 1/2 Teelöffel Honig

Die Lavendelblüten abstreifen. Quellwasser zum Kochen bringen und die Lavendelblüten hineingeben. Abseits des Herdes zugedeckt 10 Minuten ziehen lassen. Abseihen und mit Honig süßen.
Ein Lavendelaufguss wirkt nachweislich bei innerer Unruhe, Einschlafstörungen und nervösen Magen- und Darmbeschwerden. Traditionell werden kleine Lavendelkissen nicht nur in den Wäscheschrank, sondern auch unter das Kopfkissen gelegt – als Einschlafhilfe.

7. Sandgebäck mit Lavendel

> Für 500 g Teig
> Vorbereitung 25 Minuten
> Backzeit 20 Minuten

* 6 Zweige blühender Lavendel
* Einige Tropfen Lavendelessenz
* 1 Ei
* 125 g feiner Zucker
* 250 g Mehl
* 125 g Butter, raumtemperiert

Den Ofen auf 180 °C vorheizen.
Die Lavendelblüten abstreifen.
Das Ei in eine Schüssel schlagen, den Zucker zugeben und mit einem Rührlöffel zu einer hellgelben, schaumigen Masse verschlagen.
Die Lavendelessenz, die Blüten und das Mehl zugeben und alles zu einem Teig verarbeiten. Den Teig mit den Fingern durchwirken; er sollte krümelig sein. Auf die Arbeitsfläche legen, die raumtemperierte Butter zugeben und mit den Händen verkneten.
Den Teig zu einer Kugel formen, ein Nudelholz mit Mehl bestäuben und den Teig 2 cm dünn ausrollen.
Mit einem Ausstechring Kreise ausstechen und auf ein mit Backpapier ausgekleidetes Blech legen. Das Sandgebäck im Ofen etwa 20 Minuten backen.
Mit einer Teigkarte vom Backpapier lösen und auf einem Kuchengitter abkühlen lassen.
Das Sandgebäck hält sich in einer Keksdose bis zu 15 Tage.

8. Crottins de Chavignol mit Mandeln und Lavendel

> Für 4 Crottins
> Zubereitung 10 Minuten

* 4 Crottins de Chavignol (oder andere kleine Ziegenkäse)
* 12 geschälte Mandeln
* 4 Zweige blühender Lavendel
* 2 EL Olivenöl

Die Mandeln hacken.
Die Lavendelblüten abstreifen. Auf einem flachen Teller mit den gehackten Mandeln vermengen.
Die Crottins rundherum mit etwas Olivenöl benetzen und von allen Seiten in der Mandel-Blüten-Mischung wenden.
Auf kleinen Tellern anrichten und mit dunklem Brot servieren.

9. Lavendelessig

> Ergibt 500 ml Essig
> Zubereitung 5 Minuten

* 500 ml Weißweinessig
* 4 Zweige blühender Lavendel
* 1 Knoblauchzehe
* 10 schwarze Pfefferkörner

Die Knoblauchzehe schälen.
Den Essig mit den Pfefferkörnern, dem Knoblauch und den Lavendelblüten in eine Flasche füllen.
Fest verschließen und an einem dunklen Ort einige Tage durchziehen lassen.

8

9

10

11

10. Schnelles Lavendeleis

> Für 4 Personen
> Zubereitung 5 Minuten

- 1 Dose gesüßte Kondensmilch (im gut sortierten Lebensmittelhandel erhältlich)
- 300 ml Crème fleurette (unpasteurisierte, nicht homogenisierte Sahne)
- 1 TL Lavendelessenz
- 4 Zweige blühender Lavendel
- 100 ml Crème de Cassis oder Himbeerlikör
- 4 kleine Mandelkrokantplätzchen

Die Kondensmilch mit der Sahne und der Lavendelessenz verrühren. Die Masse in einer Eismaschine gefrieren oder in einem geeigneten Behälter in die Tiefkühltruhe stellen (in diesem Fall das Eis von Zeit zu Zeit durchrühren, damit sich möglichst feine Eiskristalle bilden).
Die Lavendelblüten abstreifen.
Etwas Crème de Cassis oder Himbeerlikör in Eisbecher oder Gläser füllen und je zwei bis drei Kugeln Eis hineingeben. Mit den Lavendelblüten und den Plätzchen garnieren und servieren.

11. Marinierte Erdbeeren mit Lavendel

> Für 2 Personen
> Zubereitung 10 Minuten

- 200 g Erdbeeren
- 4 Zweige blühender Lavendel
- 150 ml weißer Süßwein
- 2 EL Lavendelessig (siehe Seite 66)
- 2 EL feiner Zucker

Die Lavendelblüten abstreifen.
Die Erdbeeren waschen und trockentupfen, die Stielansätze entfernen. Die Früchte in einer Schüssel mit dem Lavendelessig übergießen und mit dem Zucker und den Lavendelblüten bestreuen. Die Erdbeeren 1 Stunde marinieren lassen. In Dessertschalen anrichten, mit etwas Weißwein übergießen und sofort servieren.

12. Lavendel-Duftlämpchen

- Einige Zweige blühender Lavendel
- Gläser
- Basteldraht

Ein dekoratives Glas mit biegsamem Draht umwickeln und die blühenden Lavendelzweige rundherum daran befestigen. Zuletzt ein Teelicht in das Glas einsetzen und schon ist der hübsche, duftspendende Tischschmuck fertig.

Primel

Ihr frühes Erscheinen gab ihr den Gattungsnamen *Primula veris*, bei uns wird sie auch Schlüsselblume oder Himmelsschlüssel genannt. Die Frühlingsschlüsselblume am Wildbach sollten Sie aber lieber stehen lassen und sich dafür bei den ebenso hübschen Gartenprimeln mit ihrem Honigduft und den herzförmigen Blütenblättern bedienen.

1. Kleine gefüllte Gemüse mit Primeln

> Für 4 Personen
> Vorbereitung 15 Minuten
> Garzeit 25 Minuten

- 8 runde Baby-Auberginen
- 8 runde Baby-Zucchini
- 2 Hähnchenbrüste
- 12 Primelblüten
- 2 EL gemahlene Mandeln
- 1/2 TL gemahlene Kurkuma
- 50 g Butter
- 2 EL Olivenöl
- 1/2 TL zerstoßener bunter Pfeffer
- 1/2 TL Salz

Das Gemüse waschen und abtrocknen. Jeweils einen Deckel abschneiden und mit einem spitzen Messer das Fruchtfleisch aus dem Innern herauslösen. Beiseite legen. Die Hähnchenbrüste quer halbieren, 10 Minuten dämpfen und etwas abkühlen lassen.
Den Ofen auf 180 °C vorheizen.
Die Blütenblätter der Primeln abzupfen.
Die Hähnchenbrüste, die Hälfte der Blütenblätter, das Zucchini- und Auberginenfleisch, die gemahlenen Mandeln, die Kurkuma, die Butter und den bunten Pfeffer im Mixer zu einer Farce verarbeiten.
Das ausgehöhlte Gemüse mit der Farce füllen und in eine ofenfeste Form setzen. Die Deckel aufsetzen, mit dem Olivenöl beträufeln und im Ofen 15 Minuten backen.
Die gefüllten Zucchini und Auberginen anrichten, mit den restlichen Blütenblättern dekorieren und mit einem grünen Salat servieren.

2. Schokoladenkranz mit Primeln

> Für 4 Personen
> Vorbereitung 15 Minuten
> Backzeit 35 Minuten

- 180 g Edelbitterschokolade
- 12 Primelblüten
- 3 Eier
- 180 g feiner Zucker
- 180 g Butter
- 90 g Mehl

Den Ofen auf 180 °C vorheizen.
Die Eier mit dem Zucker verschlagen. Die Schokolade im heißen Wasserbad schmelzen und die Butter unterrühren. Beide Mischungen vermengen und nach und nach das Mehl einarbeiten, sodass sich keine Klümpchen bilden.
Den Teig in eine gebutterte Kranzform gießen und im Ofen 35 Minuten backen. Den Backvorgang regelmäßig kontrollieren. Der Kuchen sollte noch einen weichen Kern haben.
Den Schokoladenkranz aus der Form lösen, abkühlen lassen und kurz vor dem Servieren mit den Primeln dekorieren.

1

2

3

3. Himbeeren und Blaubeeren mit Primeln

> Für 2 Personen
> Zubereitung 10 Minuten

* 150 g Himbeeren
* 150 g Blaubeeren
* 8 Primelblüten
* 2 EL weißer Rum
* 1 EL Zuckerrohrsirup

Die Blütenblätter der Primeln abzupfen.
Die Früchte waschen und abtropfen lassen.
Mit dem Rum, dem Sirup und den Blütenblättern vermengen und 1 Stunde marinieren lassen.
Die Früchte in Gläsern oder Schälchen anrichten und eisgekühlt servieren.

4. Kalbsbraten mit Blutorangen und Primeln

> Für 4 Personen
> Vorbereitung 10 Minuten
> Garzeit 50 Minuten

* 1 Kalbsbraten aus der Nuss (etwa 1 kg)
* 4 Blutorangen
* 16 Primelblüten
* 2 EL Olivenöl
* 1 EL Honig
* 1 EL Sojasauce
* 1/2 TL zerstoßener bunter Pfeffer
* 1/2 TL Salz

Auf einem Brett mit Saftrinne die Blutorangen mit einem Wellenschliffmesser schälen. Mit der Klinge zwischen die Trennwände der Orangenfilets fahren und die Fruchtfilets herauslösen.
Das Olivenöl in einem gusseisernen Topf erhitzen und den Kalbsbraten darin von allen Seiten braun anbraten.
Die Orangenfilets mit dem ausgetretenen Saft, den Honig, die Sojasauce, das Salz sowie ein Glas Wasser zugeben. Zugedeckt bei mittlerer Hitze 40 Minuten schmoren lassen. Falls nötig, zwischendurch noch etwas Wasser zugießen.
Sobald das Fleisch gar ist, den Braten aus dem Topf heben und tranchieren.
Auf Tellern anrichten, die Orangenfilets darumlegen und alles mit dem Bratensaft überziehen. Mit dem bunten Pfeffer bestreuen, mit den Primeln dekorieren und sofort servieren.

5. Spargelsalat mit grünen Bohnen, Krebsschwänzen und Primeln

> Für 2 Personen
> Vorbereitung 10 Minuten
> Garzeit 10 Minuten

* 8 Stangen grüner Spargel
* 100 g Prinzessbohnen
* 12 Krebsschwänze, gegart und ausgelöst
* 12 Primelblüten
* 6 Schnittlauchhalme
* 1 EL Himbeeressig
* 2 EL Traubenkernöl
* 1/2 TL zerstoßener bunter Pfeffer
* 1/2 TL Salzblüte

Die Spargelstangen an den Enden abschneiden und 6–7 Minuten dämpfen. Kalt abschrecken und der Länge nach halbieren.
Die Bohnen abfädeln, die Spitzen abschneiden, die Bohnen 5 Minuten dämpfen. Abkühlen lassen.
Den Schnittlauch waschen, abtrocknen und in Röllchen schneiden.
Die Blütenblätter der Primeln abzupfen.
Aus dem Himbeeressig, dem Traubenkernöl, dem bunten Pfeffer und dem Schnittlauch eine Vinaigrette zubereiten.
Die Spargeln, grünen Bohnen und Krebsschwänze dekorativ auf Tellern anrichten. Mit der Vinaigrette überziehen und mit etwas Salzblüte bestreuen. Die Salate mit den Blütenblättern dekorieren und sofort servieren.

6. Primeltee

> Für 1 Tasse

* Einige Primelblütenblätter
* 150 ml Quellwasser
* 1 TL Kandiszucker

Die Primelblütenblätter in kochendes Wasser geben und abseits des Herdes kurz ziehen lassen. Durch ein Sieb gießen und mit Kandiszucker servieren.
Traditionell werden der Schlüsselblume beruhigende Wirkungen zugesprochen, auch gegen Kopfweh und Schwindel soll sie helfen. Wissenschaftlich belegt ist die Wirkung der Primel bei akuten Entzündungen der Atemwege und chronischer Bronchitis.

Stiefmütterchen

Seine samtigen Blätter schillern in den schönsten Farben von Violett, Purpur und Gelb und schmecken leicht süßlich. Ebenfalls aus der Familie der Veilchengewächse stammt das wilde Stiefmütterchen, das schon in den Kräuterbüchern des Mittelalters als Heilmittel gegen Hauterkrankungen Erwähnung fand und antirheumatisch wirken soll.

1. Avocado-Garnelen-Salat mit Stiefmütterchen

> Für 2 Personen
> Zubereitung 10 Minuten

* 1 Avocado
* 10 Sägegarnelen *(crevettes roses)*, gegart
* 2 Stiefmütterchenblüten
* 1 Zweig Dill
* 1/2 Zitrone
* 1 TL Sesamsamen
* 1 EL Mayonnaise
* Einige Tropfen Tabasco

Den Dill waschen, abtrocknen und hacken. Die Zitrone auspressen. Die Avocado halbieren. Das Fruchtfleisch mit einem Suppenlöffel herauslösen und in Würfel schneiden, mit dem Zitronensaft beträufeln. Die ausgehöhlten Schalenhälften zurückbehalten. Die Garnelen auslösen. Vier ganze Schwänze beiseite legen, den Rest in kleine Würfel schneiden. Die Sesamsamen in einer beschichteten Pfanne 1 Minute goldgelb rösten.

Die Mayonnaise mit einigen Tropfen Tabasco und dem gehackten Dill verrühren. Die Avocadowürfel und das Garnelenfleisch unterrühren.

Den Salat in die leeren Avocadoschalen einfüllen und mit den ganzen Garnelenschwänzen garnieren. Mit den Sesamsamen bestreuen, den Stiefmütterchen dekorieren und sofort servieren.

2. Stiefmütterchenteich mit Schwimmkerzen

Einige Stiefmütterchenblüten und Teelichter in eine Glasschüssel oder Vase mit Wasser setzen – ein farbenfroher Tischschmuck.

3. Möhrencremesuppe mit Kreuzkümmel, Kerbel und Stiefmütterchen

> Für 2 Personen
> Vorbereitung 15 Minuten
> Garzeit 15 Minuten

* 400 g Bundmöhren
* 1/2 TL gemahlener Kreuzkümmel (Cumin)
* 2 Zweige Kerbel
* 2 Stiefmütterchenblüten
* 1 EL Olivenöl
* 1 TL feiner Zucker
* 100 ml Gemüsebrühe
* 100 ml Sahne
* 1/2 TL Salzblüte

Den Kerbel waschen, trockentupfen und abzupfen. Die Möhren schälen und in Scheiben schneiden. Mit dem Kreuzkümmel und dem Zucker in einer Sauteuse in dem Olivenöl 3–4 Minuten anschwitzen. Zwei Esslöffel Gemüsebrühe zugeben und zugedeckt 10 Minuten garen. Nach Ablauf der Garzeit die Möhren mit der Sahne in der Küchenmaschine pürieren. Ist die Suppe zu dick, mit etwas Gemüsebrühe auf die gewünschte Konsistenz bringen.

Die Möhrencremesuppe kurz vor dem Servieren wieder erhitzen. Mit der Salzblüte und dem Kerbel bestreuen und mit den Blütenblättern garnieren.

4. Ananas-Himbeer-Salat mit Champagner und Stiefmütterchen

> Für 2 Personen
> Zubereitung 10 Minuten

* 1 kleine Ananas
* 100 g Himbeeren
* 2 Stiefmütterchenblüten
* 200 ml Champagner
* 1 TL Pfirsichlikör
* 1 TL Puderzucker
* 1 Zweig frische Minze

Die Ananas schälen, in dünne Scheiben und dann in mundgerechte Stücke schneiden.
Die Minze waschen, abtrocknen und abzupfen.
Die Ananasstücke mit den Himbeeren in eine Schüssel geben.
Den Champagner mit dem Pfirsichlikör vermengen und über die Früchte gießen. Die Stiefmütterchenblüten einlegen.
Mit Puderzucker bestreuen, mit der Minze dekorieren und sofort servieren.

5. Blütenteller mit Stiefmütterchen

Wenn Sie für eine festliche Tafel einen besonders originellen Tischschmuck suchen, legen Sie einfach einige Stiefmütterchenblüten wie zum Pressen zwischen zwei übereinander gestapelte Glasteller. Ergibt auch hübsche Dessertteller fürs Obst.

2

3

4

6. Feigen mit Honig, Mandeln und Stiefmütterchen

> Für 4 Personen
> Vorbereitung 10 Minuten
> Garzeit 15 Minuten

* 4 Feigen
* 4 EL Honig
* 1 EL Mandelblättchen
* 2 Stiefmütterchenblüten
* 1 TL Balsamico-Essig
* 2 Zweige frische Minze

Den Ofen auf 180 °C vorheizen.
Die Stielansätze der Feigen abschneiden und die Früchte senkrecht so vierteln, dass sie an der Basis noch zusammenhalten. Die Feigen in eine ofenfeste Form setzen.
Den Honig mit dem Balsamico verrühren und über die Feigen gießen. Im Ofen 15 Minuten backen.
Die Mandelblättchen in einer beschichteten Pfanne 1–2 Minuten goldbraun rösten.
Die Minze waschen, abtrocknen und abzupfen. Die Blütenblätter der Stiefmütterchen ablösen.
Die Feigen aus dem Ofen nehmen und mit den Mandelblättchen bestreuen. Mit den Blütenblättern und den Minzeblättchen dekorieren und lauwarm mit Vanilleeis servieren.

7. Erfrischender Sommersalat mit Stiefmütterchen

> Für 2 Personen
> Zubereitung 10 Minuten

* 50 g junger Spinat
* 8 Kirschtomaten
* 8 Radieschen
* 4 Stiefmütterchenblüten
* 6 Schnittlauchhalme
* 50 g Schafskäse
* 1 EL Zitronensaft
* 1 EL Sesamöl
* 1 EL Sonnenblumenöl
* 1 TL Sesamsamen
* 1/2 TL Salzblüte

Den Spinat waschen und gut abtropfen lassen oder trockenschleudern. Die Kirschtomaten waschen und halbieren.
Die Radieschen putzen, waschen und in Scheiben schneiden.
Den Schnittlauch waschen, abtrocknen und in Röllchen schneiden.
Den Schafskäse in kleine Würfel schneiden.
Aus dem Zitronensaft, dem Sesamöl, Sonnenblumenöl und dem Schnittlauch eine Vinaigrette zubereiten.
Die Sesamsamen in einer Pfanne 1 Minute goldgelb rösten.
Die Spinatblätter, Tomatenhälften, Radieschenscheiben, Käsewürfel und die Stiefmütterchenblüten dekorativ auf Tellern anrichten.
Die Vinaigrette darüber träufeln, mit den Sesamsamen und der Salzblüte bestreuen und sofort servieren.

Rose

Ihre zarten, taufrischen Blütenblätter sind eine köstliche Gaumenfreude und verzaubern die Gäste mit ihrem betörenden Duft. In Parfums und Kosmetika ist die Essenz der Rose seit jeher beliebt, heute aromatisieren ihre Blütenblätter auch wieder Tees und Aperitifs. Wer auf Rosen gebettet ist, hat freilich zuvor die Stacheln entfernt!

1. Rosentee

Einige Blütenblätter in kochendes Quellwasser geben und mit einer Limettenscheibe und Zucker servieren.

2. Rosengelee

> Ergibt 300 g Gelee
> Vorbereitung 20 Minuten
> Garzeit 40 Minuten

* 150 g rosafarbene Rosenblütenblätter
* 1/2 Zitrone
* 250 g Äpfel
* 300 g Kristallzucker

Den Zitronensaft auspressen.
Die Äpfel waschen und mit der Schale und dem Kerngehäuse in kleine Stücke schneiden. In einen Schmortopf mit schwerem Boden geben, 250 ml Wasser zugießen und 20 Minuten garen.
Die Blütenblätter und weitere 100 ml Wasser zugeben und weitere 10 Minuten garen.
Die Mischung durch ein Sieb streichen und den Fruchtbrei gut ausdrücken. Das Gelee durch ein Gazetuch ein zweites Mal passieren.
Den Zucker und den Zitronensaft zugeben und nochmals 10 Minuten köcheln lassen.
Die Gläser mit kochendem Wasser ausspülen und das Gelee einfüllen. Abkühlen lassen und mit Frischhaltefolie verschließen.

3. Krebsschwänze mit wildem Spargel und Rosenblütenblättern

> Für 2 Personen
> Vorbereitung 15 Minuten
> Garzeit 10 Minuten

* 2 Dutzend Krebsschwänze
* 2 Dutzend wilde Spargeln
* 12 Rosenblütenblätter
* 150 ml Sahne
* 1/2 TL Sesamsamen
* 1/2 TL Salzblüte

Die Sahne erhitzen, die Blütenblätter hineingeben und ziehen lassen. Abkühlen lassen.
Den wilden Spargel waschen, abtrocknen und einige Minuten in kochendem Salzwasser blanchieren. Abtropfen und abkühlen lassen.
Die Krebsschwänze 4–5 Minuten dämpfen.
Die Sesamsamen in der Pfanne 1 Minute goldgelb rösten. Die Blütenblätter aus der Sahne heben und auf Küchenpapier abtropfen lassen.
Den Spargel, die Krebsschwänze und die Blütenblätter dekorativ auf Tellern anrichten. Mit der Sahne überziehen, mit den Sesamsamen und etwas Salzblüte bestreuen und sofort servieren.

1

2

3

4

4. Rosencocktail mit Wodka und Zitrone

> Für 2 Personen
> Zubereitung 5 Minuten

* 20 cl Wodka
* 20 Rosenblütenblätter
* 1/2 unbehandelte Zitrone
* 2 TL Kristallzucker
* 4 Minzeblätter

Die Zitrone waschen und abtrocknen. Die äußere Schale dünn abschälen und in feine Streifen schneiden. Die Rosenblütenblätter und die Zitronenzeste einige Stunden in dem Wodka ziehen lassen und anschließend in die Gefriertruhe stellen.

Kurz vor dem Servieren den Zucker und die Minze zugeben.

In Cocktailgläsern eisgekühlt servieren.

5. Toasts mit Tarama und Rosenblütenblättern

> Für 4 Personen
> Zubereitung 10 Minuten

* 4 Scheiben Vollkorntoast
* 200 g Tarama (griechische Fischrogenpaste)
* 12 Rosenblütenblätter
* 2 Zweige Dill
* 1 unbehandelte Limette

Den Dill waschen, abtrocknen und abzupfen.

Die Limette waschen, abtrocknen und in sehr feine Scheiben schneiden.

Die Toastscheiben toasten, mit dem Tarama bestreichen und in drei Teile schneiden. Mit den Limettenscheiben und einem Dillzweig garnieren.

Auf jede Limettenscheibe ein Blütenblatt legen und sofort servieren.

6. Zitronenbaisertörtchen mit Rosenblütenblättern

> Für 4 Personen
> Vorbereitung 20 Minuten
> Backzeit 18 Minuten

* 1 Paket feiner Mürbeteig (Fertigprodukt)
* 4 Zitronen
* 12 Rosenblütenblätter
* 1 Dose gesüßte Kondensmilch
* 4 Eier, getrennt
* 2 EL Puderzucker
* 1 TL Mandelblättchen

Den Ofen auf 180 °C vorheizen.
Vier Tartelette-Förmchen mit dem ausgerollten Teig auskleiden. Ein Stück Backpapier einlegen und mit Trockenbohnen oder Backlinsen auffüllen, damit der Teig beim Backen nicht aufgeht. Die Tartelettes 15 Minuten blindbacken, bis sie goldgelb sind. Nicht zu dunkel werden lassen.
Die Zitrone auspressen. Die Kondensmilch mit dem Zitronensaft und den Eigelben verschlagen.
Die Eiweiße mit 1 Esslöffel Puderzucker vermengen und steif schlagen.
Die Tartelettes aus dem Ofen nehmen und abkühlen lassen.
Die Zitronenmilch in die Förmchen einfüllen und mit einer Haube aus Eischnee bedecken. Mit den Mandelblättchen bestreuen und unter dem Backofengrill 3 Minuten gratinieren. Dabei ständig Acht geben, dass der Baiser nicht verbrennt.
Die Törtchen abkühlen lassen, mit den Blütenblättern dekorieren und kurz vor dem Servieren mit Puderzucker bestäuben.

7. Himbeermakronen mit Rosenblütenblättern

> Für 2 Personen
> Zubereitung 5 Minuten

* 2 *macarons aux framboises* (frz. Himbeermakronen, ersatzweise Mandelmakronen)
* 6 frische Himbeeren
* 8 Rosenblütenblätter
* 1 TL Puderzucker

Die Blütenblätter 10 Sekunden über heißem Wasserdampf dämpfen und mit dem Puderzucker bestäuben.
Die Makronen teilen, auf die unteren Hälften je drei Himbeeren legen und die Deckel wieder aufsetzen. Die Blütenblätter dekorativ darum verteilen, mit weiterem Puderzucker bestäuben und servieren.

8. Rosarote Rosenvase

In eine Glasvase Wasser einfüllen und mit Karminrot so einfärben, dass die Farbe des Wassers mit der Farbe der Rose harmoniert.

Blütenteller mit Rosenblütenblättern

Einige Rosenblütenblätter zwischen zwei gläserne Untertassen oder kleine Glasteller legen und als Tischschmuck auf eine festliche Tafel stellen.

Veilchen

Das Veilchen im Moose symbolisiert im Unterschied zur Rose Bescheidenheit. Der berühmteste Vertreter der artenreichen Staude ist das Wohlriechende Veilchen *(Viola odorata)*, das an Bachufern und auch auf der Wiese im Garten wächst und dessen duftende violette Blüten bis ins 19. Jahrhundert als Heilmittel galten.

1. Blütenteller mit Veilchen

Einen tiefen Teller mit Wasser füllen und vorsichtig einige Veilchenblüten und Blätter hineinlegen. Das duftende Tellerbouquet als Tafelschmuck in die Mitte des Tisches stellen.

2. Veilchen-Vinaigrette

> Für 4 Personen
> Zubereitung 5 Minuten

* 12 Veilchenblüten
* 3 junge kleine Zwiebeln oder Frühlingszwiebeln
* 1 TL Meaux-Senf (grober Senf)
* 1 EL Veilchenessig (Veilchenblüten einige Tage lang in einer kleinen Flasche mit Weißweinessig ziehen lassen)
* 2 EL Olivenöl
* 1/2 TL zerstoßener bunter Pfeffer
* 1/2 TL Salzblüte

Die Zwiebeln schälen und in feine Scheiben schneiden.
Den Senf mit den Zwiebelscheiben, dem Veilchenessig, dem Olivenöl, dem bunten Pfeffer, der Salzblüte und 2 Esslöffeln heißem Wasser verrühren, bis sich die Zutaten vollständig miteinander verbunden haben.
Die Veilchenblüten erst kurz vor Verwendung der Vinaigrette zugeben. Sie schmeckt sehr gut zu Rohkost und Salaten.

3. Avocadocreme mit Lachskaviar und Veilchen

> Für 2 Personen
> Zubereitung 15 Minuten

* 1 Avocado
* 2 EL Keta-Kaviar
* 12 Veilchenblüten
* 1 Zitrone
* 1/2 Brühwürfel
* 1/2 TL zerstoßener bunter Pfeffer
* 1/2 TL Salzblüte

Den Saft der Zitrone auspressen.
Den Brühwürfel in einem kleinen Glas Wasser auflösen.
Die Avocado halbieren, den Stein entfernen und das Fruchtfleisch herauslösen. Im Mixer mit dem Zitronensaft und der aufgelösten Brühe pürieren. Den bunten Pfeffer, die Salzblüte und 10 Veilchenblüten zugeben und gut verrühren.
Die Avocadocreme in Gläser füllen, mit je 1 Esslöffel Keta-Kaviar garnieren und mit einer Veilchenblüte dekorieren.

1

2

3

4. Salat aus Radieschen, Erbsen, Zuckerschoten, Zucchini und Veilchen

> Für 2 Personen
> Vorbereitung 15 Minuten
> Garzeit 4 Minuten

- 6 Radieschen
- 50 g Radieschensprossen
- 100 g Erbsen
- 100 g Zuckerschoten
- 4 Baby-Zucchini
- 12 Veilchenblüten
- 2 Schnittlauchhalme
- 2 EL Olivenöl
- 2 EL Zitronensaft
- 1/2 TL zerstoßener bunter Pfeffer
- 1/2 TL Salzblüte

Die Radieschen waschen, putzen und in Scheiben schneiden.
Die Erbsen, Zuckerschoten und die Zucchini waschen und 4 Minuten dämpfen. Abkühlen lassen.
Den Schnittlauch waschen, abtrocknen und in Röllchen schneiden.
Die Zucchini in Scheiben schneiden.
Aus dem Olivenöl, dem Zitronensaft und dem Schnittlauch eine Vinaigrette zubereiten.
Die Radieschenscheiben und -sprossen, die Zucchinischeiben sowie die Erbsen und Zuckerschoten in Gläsern anrichten.
Das Gemüse mit der Vinaigrette beträufeln, mit dem bunten Pfeffer und der Salzblüte bestreuen und mit den Veilchenblüten dekorieren.
Sofort servieren.

5. Zuckerveilchen

Mit diesem Rezept variieren wir eine kulinarische Tradition, die ins vorletzte Jahrhundert zurückreicht. Damals verzierte man Backwerk mit kandierten Veilchenblüten, die auch solo ein beliebtes Naschwerk waren.
Veilchenblüten mit Wasser aus dem Zerstäuber besprühen und anschließend in extrafeinem Kristallzucker wenden. Die gezuckerten Veilchen eignen sich wunderbar zum Aromatisieren und Garnieren von Milch- und Eisspeisen.

6. Veilchencocktail

> Für 4 Personen
> Zubereitung 5 Minuten

* Veilchenlikör
* Mandelsirup (Orgeat)
* 4 Veilchenblüten
* 1/2 unbehandelte Zitrone
* 2 EL feiner Zucker

Die halbe Zitrone waschen und mit einem Sparschäler dünn abschälen. Die Schale fein hacken.
In einer Karaffe einen Schuss Mandelsirup mit kaltem Quellwasser verrühren.
Den Zucker mit der gehackten Zitronenschale auf einem Teller vermengen.
Einen kleinen Teller mit Wasser benetzen. Die oberen Ränder der Gläser in das Wasser und anschließend in die Zucker-Zitronen-Mischung tauchen, sodass ein Zuckerrand entsteht.
Einen kleinen Schuss Veilchenlikör einfüllen und mit dem Mandelsirup aufgießen. Mit den Veilchenblüten dekorieren und sofort servieren.

7. Erdbeer-Blaubeer-Kaltschale mit Veilchen

> Für 2 Personen
> Zubereitung 10 Minuten

* 150 g Erdbeeren
* 50 g Blaubeeren
* 12 Veilchenblüten
* 1/2 unbehandelte Zitrone
* 1 TL feiner Zucker

Die halbe Zitrone waschen und mit einem Sparschäler dünn abschälen. Die Schale fein hacken. Den Saft der Zitrone auspressen.
Die Erdbeeren waschen und abtropfen lassen. Mit dem Zucker und dem Zitronensaft im Mixer pürieren.
Die Blaubeeren waschen und abtropfen lassen.
Das Erdbeerpüree auf Teller füllen und mit den Blaubeeren, der Zitronenzeste und den Veilchenblüten garnieren.
Gut gekühlt mit Sandgebäck servieren.

Früchte

Walderdbeere, Himbeere,

Apfel, Haselnuss,

Walnuss, Marone

Walderdbeere

Die zierlichen rubinroten Wildfrüchte sind ihren großen kultivierten Verwandten aromatisch überlegen. Man findet die Stauden versteckt im Unterholz, kann sie aber auch in den eigenen Garten setzen. Schon im Mittelalter wusste man um die reinigende Kraft von Erdbeeren.

1. Geräucherte Meerbarbenfilets mit grünem Spargel und Walderdbeeren

> Für 2 Personen
> Vorbereitung 15 Minuten
> Garzeit 10 Minuten

* 4 geräucherte Meerbarbenfilets
* 12 kleine grüne Spargeln
* 150 g Walderdbeeren
* 1/2 Zitrone
* 2 EL Olivenöl
* 10 Fenchelsamen
* 1/2 TL zerstoßener weißer Pfeffer
* 1/2 TL Salzblüte

Den Spargel waschen, die holzigen Enden abschneiden.
In kochendem Salzwasser 6–7 Minuten garen. Abtropfen und abkühlen lassen.
Den Saft der Zitrone auspressen und mit dem Olivenöl und den Fenchelsamen verrühren.
Die Walderdbeeren waschen, entstielen und auf Küchenpapier abtropfen lassen.
Die Meerbarbenfilets und den Spargel auf Tellern anrichten und mit der Vinaigrette überziehen.
Mit den Walderdbeeren garnieren, dem weißen Pfeffer und der Salzblüte bestreuen und sofort servieren.

2. Quarkcreme mit Walderdbeeren

> Für 2 Personen
> Zubereitung 15 Minuten

* 150 g Sahnequark
* 150 g Walderdbeeren
* 1 EL Zitronensaft
* 1 EL feiner Zucker
* 150 ml Sahne
* 1 TL Puderzucker

Die Walderdbeeren waschen, entstielen und abtropfen lassen.
Vier schöne Beeren für Garniturzwecke zurücklegen, den Rest mit dem Zitronensaft und dem feinen Zucker im Mixer pürieren.
Die Sahne mit einigen Tropfen Zitronensaft und dem Puderzucker steif schlagen.
Den Quark mit der Schlagsahne und der Hälfte des Fruchtpürees verrühren.
Das restliche Fruchtpüree in Gläser füllen, die Quarkcreme zugeben und kalt stellen.
Kurz vor dem Servieren mit den reservierten ganzen Beeren dekorieren.

1

2

3. Rote-Bete-Mousse mit Alfalfasprossen und Walderdbeeren

> Für 2 Personen
> Zubereitung 10 Minuten

* 1 kleine Rote Bete, gegart
* 1 Packung Alfalfasprossen
* 60 g Walderdbeeren
* 1/2 Zitrone
* 100 ml Sahne
* 1 EL Olivenöl
* 1/4 TL zerstoßener bunter Pfeffer
* 1/4 TL Salzblüte

Den Saft der Zitrone auspressen.
Die Rote Bete mit der Sahne und dem Zitronensaft im Mixer pürieren. Kalt stellen.
Die Walderdbeeren waschen, entstielen und auf Küchenpapier abtropfen lassen.
Die Alfalfasprossen mit dem Olivenöl, dem bunten Pfeffer und der Salzblüte würzen.
Die Rote-Bete-Mousse in Gläser oder Schalen füllen, die Alfalfasprossen darüber verteilen und mit den Walderdbeeren garnieren. In den Kühlschrank stellen oder sofort servieren.

4. Pochierte Pfirsiche mit Walderdbeer-Coulis

> Für 2 Personen
> Vorbereitung 15 Minuten
> Garzeit 15 Minuten

* 3 gelbe Pfirsiche
* 200 g Walderdbeeren
* 300 ml weißer Süßwein
* 1/2 Zitrone
* 1 TL feiner Zucker

Die Pfirsiche 1 Minute in kochendem Wasser blanchieren.
Die Früchte schälen, halbieren und den Stein entfernen.
Den Weißwein in eine Kasserolle gießen, die Pfirsichhälften einlegen und so viel Wasser zugeben, dass sie ganz bedeckt sind.
Die Früchte 15 Minuten pochieren.
Den Saft der Zitrone auspressen.
Die Walderdbeeren waschen, entstielen und abtropfen lassen.
Ein Drittel der Beeren – möglichst die schönsten Exemplare – zum Garnieren aussortieren. Den Rest mit dem Zitronensaft und dem Zucker im Mixer pürieren.
Die Pfirsichhälften abtropfen und abkühlen lassen.
Den Frucht-Coulis in Gläser füllen, die Pfirsichhälften einlegen und mit den ganzen Walderdbeeren garnieren. Sofort servieren.
Der Coulis lässt sich etwas länger aufbewahren, wenn Sie ihn 3 Minuten aufkochen.

5. Walderdbeer-Sorbet

> Für 2 Personen
> Zubereitung 20 Minuten

* 250 g Walderdbeeren
* 50 g Kristallzucker
* 1/2 Päckchen gemahlene Gelatine
* 2 EL Zitronensaft

Aus dem Kristallzucker und 150 ml Wasser einen Sirup kochen. Während der Sirup abkühlt, die Walderdbeeren waschen, entstielen und abtropfen lassen. Die Früchte im Mixer pürieren. Die Gelatine in 1 Esslöffel heißem Wasser auflösen. Das Fruchtpüree mit dem Zuckersirup, dem Zitronensaft und der aufgelösten Gelatine verrühren.
Die Mischung in einer Eismaschine gefrieren lassen oder in einem geeigneten Gefäß in die Tiefkühltruhe stellen (in diesem Fall die Eismasse regelmäßig mit einer Gabel umrühren, damit sich möglichst feine Eiskristalle bilden).
Mit knusprigem Gebäck servieren.

6. Walderdbeermarmelade

> Ergibt 3–4 kleine Gläser
> Vorbereitung 20 Minuten
> Garzeit 15 Minuten

* 500 g Walderdbeeren
* 350 g Kristallzucker
* 50 ml Balsamico-Essig

Die Walderdbeeren waschen, entstielen und abtropfen lassen. Die Beeren in einer Schüssel mit dem Zucker und Essig gründlich vermengen und zugedeckt 8 Stunden marinieren lassen.
Die Mischung in einen Marmeladenkochtopf geben, zum Kochen bringen und 15 Minuten köcheln lassen. Regelmäßig umrühren und den Schaum abschöpfen. Auf einer kalten Untertasse eine Gelierprobe machen.
Die Marmeladengläser mit kochendem Wasser ausspülen.
Die Marmelade einfüllen, vollständig abkühlen lassen und mit Frischhaltefolie bedecken.
An einem dunklen Ort aufbewahren.

Himbeere

Der Halbstrauch erreicht 2–3 Meter Höhe und stammt wie die Erdbeere aus der Familie der Rosengewächse. Seine Früchte heißen Sammelfrüchte, weil sie sich aus vielen Steinfrüchtchen zusammensetzen. Sie sind so zart wie Babyhaut, färben die Finger blutrot und schmeicheln dem Gaumen mit ihrem süßsauren Saft.

1. Rote-Bete-Salat mit Schafskäse und Himbeeren

> Für 2 Personen
> Zubereitung 10 Minuten

* 30 g frischer rotstieliger Spinat
* 1 Rote Bete, gegart
* 100 g Schafskäse
* 12 Himbeeren
* 2 Zweige Minze
* 1 EL Himbeeressig
* 2 EL Traubenkernöl
* 1/2 TL zerstoßener bunter Pfeffer
* 1/2 TL Salzblüte

Den Salat waschen und gut abtropfen lassen oder trockenschleudern.
Die Minze waschen, abtrocknen und in Streifen schneiden.
Die Rote Bete in dünne Scheiben schneiden. Den Schafskäse in kleine Würfel schneiden.
Den Salat, die Rote-Bete-Scheiben, die Schafskäsewürfel und die Himbeeren auf Tellern anrichten.
Mit dem Essig und Öl übergießen und mit dem bunten Pfeffer, der Salzblüte und der Minze bestreuen. Sofort servieren.

2. Lauwarmer Linsensalat mit Thunfisch, Schnittlauch und Himbeeren

> Für 2 Personen
> Vorbereitung 10 Minuten
> Garzeit 30 Minuten

* 200 g Linsen
* 1 Dose Thunfisch naturell
* 6 Schnittlauchhalme
* 60 g Himbeeren
* 1 EL Traubenkernöl
* 2 EL Himbeeressig
* 1/2 TL zerstoßener bunter Pfeffer
* 1/2 TL Salzblüte

Die Linsen in der dreifachen Volumenmenge Salzwasser 30 Minuten kochen. Abgießen, abtropfen und abkühlen lassen.
Den Schnittlauch waschen und in Röllchen schneiden.
Den Thunfisch in einem Sieb abtropfen lassen.
Die Linsen in Schälchen anrichten. Mit dem Traubenkernöl und dem Himbeeressig würzen.
Den leicht zerpflückten Thunfisch und die halbierten Himbeeren auf den Linsen verteilen. Mit dem bunten Pfeffer, der Salzblüte und den Schnittlauchröllchen bestreuen und sofort servieren.

1

2

3. Avocado und Pampelmuse mit Himbeeren und Koriander

> Für 2 Personen
> Zubereitung 10 Minuten

* 1 Avocado
* 1 1/2 rosa Pampelmuse
* 12 Himbeeren
* 2 Zweige Koriandergrün
* 1/2 TL zerstoßener bunter Pfeffer
* 2 Prisen Salzblüte

Auf einem Brett mit Saftrinne die ganze Pampelmuse mit einem Wellenschliffmesser sauber abschälen. Mit der Klinge zwischen die Trennwände der Fruchtfilets fahren und die einzelnen Segmente herauslösen.
Die halbe Pampelmuse auspressen.
Die Avocado schälen, den Stein entfernen und das Fruchtfleisch in feine Scheiben schneiden. Mit etwas Pampelmusensaft beträufeln, damit sie nicht braun werden.
Das Koriandergrün waschen, abtrocknen und abzupfen.
Die Pampelmusenfilets auf Gläser verteilen. Die Avocadoscheiben und die Himbeeren darauf anrichten. Den Pampelmusensaft darüber träufeln. Mit dem bunten Pfeffer und je einer Prise Salzblüte bestreuen, mit den Korianderblättern dekorieren und gut gekühlt servieren.

4. Himbeergelee mit zweierlei Zitrusfrüchten

> Für 4 Personen
> Vorbereitung 20 Minuten
> Garzeit 3 Minuten

* 250 g Himbeeren
* 1/2 unbehandelte Limette
* 1/2 unbehandelte Zitrone
* 200 ml weißer Süßwein
* 1 EL Puderzucker
* 6 Blatt Gelatine, in Wasser eingeweicht

Die Zitrone und Limette waschen und abtrocknen.
Die Schale der Zitrusfrüchte mit einem Sparschäler dünn abschälen und in feine Streifen schneiden. In kochendem Wasser 1 Minute blanchieren. In einer Kasserolle den Weißwein mit dem Puderzucker bis knapp an den Siedepunkt erhitzen.
Den Saft der Zitrone und der Limette auspressen und vermengen. Abseits des Herdes 1 Esslöffel des Zitronensaftes und die eingeweichte Gelatine in den Wein einrühren. Gut verrühren und etwas abkühlen lassen.
Die Himbeeren wechselweise mit den Zitrusfruchtstreifen in vier hohe Gläser füllen. Zwei Himbeeren und einige Zesten für Garniturzwecke zurücklegen. Mit dem lauwarmen Wein auffüllen, die Gläser in den Kühlschrank stellen und 4 Stunden durchkühlen lassen. Kurz vor dem Servieren die Gläser 15–20 Sekunden in sehr heißes Wasser stellen, damit das Gelee am Rand leicht anschmilzt und sich herauslösen lässt. Das Himbeergelee auf Teller stürzen, mit den Himbeeren, den Zitronen- und Limettenzesten dekorieren und sofort servieren.

5. Champagner mit Himbeeren

Etwas Himbeerlikör und einige frische Himbeeren mit eisgekühltem Champagner auffüllen und servieren.

6. Millefeuille von Äpfeln und Himbeeren

> Für 2 Personen
> Vorbereitung 15 Minuten
> Garzeit 10 Minuten

* 2 schöne, gelbfleischige Äpfel
* 200 g Himbeeren
* 2 Zweige Minze
* 60 g Butter
* 5 cl Himbeergeist
* 1 EL feiner Zucker

Die Minze waschen, abtrocknen und abzupfen.
Die Äpfel waschen und abtrocknen. Mit einem Apfelausstecher das Kerngehäuse entfernen und die Äpfel horizontal in 5 Scheiben schneiden. Die Apfelscheiben in einer beschichteten Pfanne mit 30 g Butter und dem Zucker karamellisieren lassen. Zwischendurch einmal wenden.
Aus der Pfanne heben und auf eine ebene Unterlage legen.
Die Pfanne mit dem Himbeergeist ablöschen, die restliche Butter zugeben und verrühren.
Die Apfelscheiben und Himbeeren wechselweise zu einem Millefeuille aufschichten und mit der Butter und dem Himbeergeist übergießen. Mit den Minzeblättchen dekorieren und sofort servieren.
Das Prinzip des „Millefeuille" (Tausendblatt) entstammt einem traditionellen Gebäck aus süßer Creme und Blätterteig.

7. Schokoladen-Marquise mit Himbeeren

> Für 4 Personen
> Zubereitung 15 Minuten

* 150 g Edelbitterschokolade
* 90 g Süßrahmbutter
* 150 g Himbeeren
* 2 Eier
* 1 TL Puderzucker

Die Schokolade im heißen Wasserbad schmelzen lassen. Abseits des Herdes mit einem Spatel sorgfältig die Butter unterrühren.
Die Eier trennen. Die Eigelbe unter die Schokoladenmasse ziehen.
Die Eiweiße steif schlagen und anschließend behutsam unter die Schokolade heben.
Eine konische Form mit Frischhaltefolie auskleiden. Die Masse und die Hälfte der Himbeeren einfüllen und die Marquise mindestens 6 Stunden im Kühlschrank durchkühlen lassen.
Die Marquise auf eine Servierplatte stürzen und mit den restlichen Himbeeren garnieren. Durch ein Sieb mit Puderzucker bestäuben und sehr kalt servieren.
„Marquises" nennt man in Frankreich gut gekühlte, erfrischende Desserts.

Apfel

Um das wohl älteste Kernobst der Welt ranken sich viele Legenden und Sinnsprüche. Doch auch seine kulinarischen Qualitäten sind ungezählt. Zur Erntezeit im Haus verteilt, verströmen Äpfel einen wunderbaren Duft – und sollen bekanntlich auch das restliche Jahr über bei täglichem Verzehr den Arztbesuch überflüssig machen.

1. Apfel-Käse-Brot mit Koriander

> Für 2 Personen
> Zubereitung 10 Minuten

- 4 Scheiben Bauernbrot
- 2 Äpfel
- 150 g Comté (Bergkäse aus dem Jura)
- 1/2 Zitrone
- 2 Zweige Koriandergrün
- 1 TL Mandelblättchen
- 20 g Butter

Die Äpfel waschen, halbieren, Kerngehäuse entfernen, und in Scheiben schneiden.
Den Saft der Zitrone auspressen und über die Apfelscheiben träufeln, damit sie nicht braun werden. Den Käse in Scheiben schneiden. Das Koriandergrün waschen, abtrocknen und in Streifen schneiden.
Die Mandelblättchen in der Pfanne goldgelb rösten.
Die Brotscheiben toasten und mit der Butter bestreichen. Mit dem Käse und etwas Koriandergrün belegen. Die Apfelscheiben darauf arrangieren, mit den Mandeln und dem restlichen Koriandergrün bestreuen und servieren.

2. Apfelkranz mit Zimt

- Eine ungerade Zahl schöner, fester Äpfel
- 2 oder 3 Stangen Zimt
- 1 Zierband
- 60 cm biegsamer Draht
- 12 Holzspieße

Die Äpfel kreisförmig anordnen und mit den Holzspießen aneinander fixieren. Den Draht so zwischen den Äpfeln hindurchführen, dass sie zusammenhalten, und die Enden ineinander verdrehen.
Zum Kaschieren des Drahtaufhängers das Zierband am Draht verknoten, die Zimtstangen durch den noch lockeren Knoten führen und zu einer Schleife binden.
Den Apfelkranz mit einer Schnur oder mit Bast aufhängen.

3. Herbstliche Gewürzsuppe

> Für 2 Personen
> Vorbereitung 15 Minuten
> Garzeit 15 Minuten

* 4 kleine gelbe und rote Äpfel
* 12 Weintrauben
* 1/2 Zitrone
* 6 Minzeblätter
* 100 ml weißer Süßwein
* 1 Sternanis
* 2 Nelken
* 1 Zimtstange
* 1 Päckchen Vanillezucker

Die Äpfel waschen, halbieren, Kerngehäuse entfernen und in Scheiben schneiden. Den Saft der Zitrone auspressen und über die Apfelscheiben träufeln, damit sie nicht braun werden.
Die Weintrauben schälen.
Die Minzeblätter waschen, abtrocknen und in Streifen schneiden.
Die Früchte mit dem Wein, den Gewürzen, dem Vanillezucker und 400 ml Wasser in eine Kasserolle geben und auf kleiner Flamme 15 Minuten sanft garen.
Die Suppe abkühlen lassen, in Schalen schöpfen und mit der Minze garniert servieren.

4. Apfelkompott mit Baiser

> Für 2 Personen
> Vorbereitung 20 Minuten
> Garzeit 20 Minuten

* 4 Äpfel
* 1 Zitrone
* 1 Vanilleschote
* 1 EL feiner Zucker
* 3 Eiweiße
* 1 EL Puderzucker

Die Äpfel schälen, entkernen und in Stücke schneiden.
Den Saft der Zitrone auspressen.
Die Äpfel mit dem Zitronensaft, der längs halbierten Vanilleschote und dem feinen Zucker in einer Kasserolle 15 Minuten auf kleiner Flamme garen.
Den Backofengrill vorheizen.
Die Eiweiße mit dem Puderzucker steif schlagen.
Das Apfelkompott in eine ofenfeste Form füllen und mit einer Haube aus Eischnee bedecken. Unter den Backofengrill schieben und etwa 5 Minuten gratinieren, bis das Baiser leicht gebräunt ist.
Den Garprozess ständig überwachen, damit das Baiser nicht verbrennt.
Sofort servieren und Sandplätzchen dazu reichen.

2

3

4

5. Apfelchips

> Für etwa 1/2 Pfund (je nach Größe der Äpfel)
> Vorbereitung 15 Minuten
> Trockenzeit 2 Stunden

* 12 Äpfel
* 1 Zitrone

Die Äpfel waschen, mit einem Apfelausstecher das Kerngehäuse entfernen. Die Früchte in sehr dünne Scheiben schneiden.
Den Saft der Zitrone auspressen und die Apfelscheiben darin wenden, damit sie nicht braun werden. Die Apfelscheiben auf den Backofenrost legen und bei 50 °C im Ofen 2 Stunden trocknen.
Die Apfelchips auf dem Rost abkühlen lassen.
Luftdicht verschlossen an einem dunklen Ort aufbewahren.
Eine gesunde Nascherei, die vor allem Kindern gut schmeckt.

6. Millefeuille von Boudin und Äpfeln

> Für 2 Personen
> Vorbereitung 15 Minuten
> Garzeit 10 Minuten

* 20 cm Boudin (oder eine vergleichbare Blutwurst)
* 4 kleine Äpfel
* 4 Zweige frischer Thymian
* 50 g Butter
* 1 EL Stachelbeergelee
* 1/2 TL zerstoßener bunter Pfeffer
* 1/2 TL Salzblüte
* 4 Holzspieße

Die Äpfel waschen, mit einem Apfelausstecher das Kerngehäuse entfernen. Die Früchte in Scheiben schneiden.
Den Thymian waschen, abtrocknen und abzupfen. Kleine Zweige für Dekorationszwecke beiseite legen.
Die Butter in einer beschichteten Pfanne zerlassen und die Apfelscheiben darin bei milder Hitze von jeder Seite 5 Minuten braten.
Zur gleichen Zeit die Blutwurst in 2 cm dicke Scheiben schneiden und in einer zweiten beschichteten Pfanne ohne Zugabe von Fett von jeder Seite 5 Minuten braten.
Das Stachelbeergelee in einem kleinen Topf mit 1 Esslöffel Wasser auflösen.
Die Apfel- und Wurstscheiben wechselweise übereinander schichten und mit einem Holzspieß zusammenstecken. Auf Tellern anrichten und mit etwas Stachelbeergelee umträufeln. Mit dem bunten Pfeffer und der Salzblüte bestreuen und mit dem Thymian dekorieren. Sofort servieren.

5

6

7

8

7. Bratäpfel mit Kalbfleisch und Salbei

> Für 4 Personen
> Vorbereitung 20 Minuten
> Garzeit 30 Minuten

* 4 schöne, runde Äpfel
* 200 g Kalbsfiletspitzen, durchgedreht
* 8 Salbeiblätter
* 2 Schalotten
* 30 g Butter
* 100 ml Portwein
* 1/2 TL zerstoßener bunter Pfeffer
* Salz

Den Ofen auf 200 °C vorheizen.
Den Salbei waschen und abtrocknen. Vier ganze Blätter für Garniturzwecke zurücklegen, den Rest in Streifen schneiden.
Die Äpfel waschen, einen kleinen Deckel abschneiden und das Kerngehäuse mit einem Apfelausstecher entfernen. Das Innere der Äpfel aushöhlen, aber ausreichend Fruchtfleisch am Rand stehen lassen. Die Schalotten schälen und in Streifen schneiden. Die Butter in einer Sauteuse zerlassen und die Schalotten darin anschwitzen. Das Kalbsgehackte, den Salbei und das Apfelfleisch zugeben, salzen und 5 Minuten braten.
Die Hälfte des Portweins und des bunten Pfeffers zugeben und gut verrühren. Die Mischung in die Äpfel einfüllen, die Früchte in eine ofenfeste Form setzen und im Ofen 20 Minuten backen. In einem kleinen Topf den restlichen Portwein mit dem restlichen bunten Pfeffer einkochen lassen.
Die Bratäpfel auf Tellern anrichten, mit dem Portwein umgießen und mit den ganzen Salbeiblättern dekorieren. Sofort servieren.

8. Feine Apfelkuchen mit Zimt

> Für 2 Personen
> Vorbereitung 10 Minuten
> Backzeit 15 – 20 Minuten

* 1 Paket tiefgekühlter Blätterteig, aufgetaut
* 4 kleine Äpfel
* 1/2 Zitrone
* 1/2 TL gemahlener Zimt
* 2 Päckchen Vanillezucker
* 30 g Butter

Den Ofen auf 180 °C vorheizen.
Den Blätterteig zu zwei Kreisen ausrollen und auf ein mit Backpapier ausgekleidetes Blech legen. Die Äpfel waschen und vierteln. Die Kerngehäuse entfernen und das Fruchtfleisch in Scheiben schneiden. Den Saft der Zitrone auspressen, die Apfelscheiben darin wenden und fächerförmig auf den Teigböden arrangieren. Mit Zimt und Vanillezucker bestreuen. Die Butter in Flöckchen darauf verteilen. Die Apfelkuchen 15 – 20 Minuten backen und sehr heiß mit einer Kugel Vanilleeis servieren.

9. Schwimmende Apfel-Duftlämpchen

* 12 feste Äpfel
* 12 Teelichter

Das Fruchtfleisch der Äpfel so weit aushöhlen, dass ein Teelicht hineinpasst. Eine Zinkwanne oder eine große Glasschüssel mit Wasser füllen und die mit den Teelichtern bestückten Äpfel hineinsetzen. Die Kerzen erst im letzten Moment entzünden.

Haselnuss

Botanisch gesehen zählen nur die Früchte des Haselnussstrauches zu den echten Nüssen. Umgeben von drei grünen Hüllblättern umschließt die feine holzige Schale einen festen runden Kern von großer Delikatesse. Achten Sie beim Einkauf auf gute Qualität – und überlassen Sie im Garten nicht alles den Eichhörnchen!

1. Gemüsepfanne mit Kräutern und Haselnüssen

> Für 2 Personen
> Vorbereitung 15 Minuten
> Garzeit 15 Minuten

* 6 kleine Möhren
* 1 kleiner Wirsingkohl
* 1 Zucchini
* 100 g grüne Bohnen
* 2 Zweige glatte Petersilie
* 2 Zweige Koriandergrün
* 4 Schnittlauchhalme
* 12 Haselnusskerne
* 2 EL Haselnussöl
* 100 ml trockener Weißwein
* 1/2 TL Currypulver
* 1/2 TL bunter Pfeffer
* 1/2 TL Salzblüte

Das Gemüse putzen, waschen und abtropfen lassen. Nach Belieben in mundgerechte Stücke zerteilen. Die Kräuter waschen, abtrocknen und hacken.
In einer Sauteuse das Gemüse in dem Haselnussöl bei lebhafter Hitze anschwitzen. Den Weißwein mit dem Curry und dem bunten Pfeffer verrühren und über das Gemüse gießen. Zugedeckt auf kleiner Flamme 10–12 Minuten garen.
Die Kräuter untermengen und weitere 2 Minuten garen.
Die Haselnüsse in einer Pfanne fettlos rösten.
Kurz vor dem Servieren die gerösteten Haselnüsse unter das Gemüse mengen und mit der Salzblüte würzen.

2. Tagliatelle mit Mousseron-Pilzen und Haselnüssen

> Für 2 Personen
> Vorbereitung 10 Minuten
> Garzeit 10 Minuten

* 200 g frische Tagliatelle
* 150 g Mousseron-Pilze (Knoblauchschwindlinge, ersatzweise Stockschwämmchen)
* 20 frische Haselnusskerne
* 2 Zweige Kerbel
* 1 EL Haselnussöl
* 1/2 TL zerstoßener bunter Pfeffer
* 1/2 TL Salzblüte

Die Pilze vorsichtig abreiben, die Stielenden kappen.
Den Kerbel waschen, trockentupfen und abzupfen.
In einer großen Pfanne das Haselnussöl erhitzen. Die Pilze hineingeben und bei großer Hitze 3–4 Minuten braten.
Die Haselnüsse in einer zweiten Pfanne fettlos rösten.
In einem Topf Salzwasser zum Kochen bringen und die Tagliatelle *al dente* garen. Abgießen, kurz abtropfen lassen, zu den Pilzen in die Pfanne geben und 2 Minuten durchschwenken. Die gerösteten Haselnüsse untermengen.
Die Tagliatelle auf Tellern anrichten, mit dem bunten Pfeffer, der Salzblüte und dem Kerbel bestreuen und sofort servieren.

3. Ziegenfrischkäse mit Salbei und Haselnüssen

> Für 4 Personen
> Zubereitung 10 Minuten

* 1 Rolle Ziegenfrischkäse (vorzugsweise Sainte-Maure)
* 10 kleine Salbeiblätter
* 12 frische Haselnusskerne
* 12 getrocknete Haselnusskerne
* 1 TL zerstoßener bunter Pfeffer

Die Salbeiblätter waschen und abtrocknen. Die Hälfte der Blätter hacken. Die frischen und getrockneten Haselnüsse ebenfalls je zur Hälfte hacken.
Mit einer Gabel den Ziegenkäse mit dem gehackten Salbei und dem bunten Pfeffer zerdrücken. Die Käsemasse zu vier Kugeln formen, oben und unten abflachen und in den gehackten Haselnüssen wenden, sodass sie rundherum gleichmäßig bedeckt sind. Kalt stellen.
Zum Servieren auf kleinen Tellern anrichten und mit den ganzen Salbeiblättern garnieren. Dazu geröstetes Brot reichen.

2

3

4. Kalbsfilet mit Haselnüssen

> Für 2 Personen
> Vorbereitung 15 Minuten
> Garzeit 30 Minuten

- 300 g Kalbsfilet Mignon (aus der Spitze geschnitten)
- 12 Haselnusskerne
- 12 kleine Kartoffeln (Rattes oder Bamberger Hörnchen)
- 1 Schalotte
- 2 Zweige frischer Thymian
- 100 ml trockener Weißwein
- 12 schwarze Oliven
- 1 in Öl eingelegte rote Chilischote
- 2 EL Olivenöl
- 1/2 TL zerstoßener bunter Pfeffer
- 1/2 TL Salzblüte

Die Kartoffeln waschen. Die Schalotte schälen und in Streifen schneiden. Den Thymian waschen, abtrocknen und abzupfen.
Die Chilischote trockentupfen und in Ringe schneiden.
In einem gusseisernen Topf das Olivenöl erhitzen. Das Kalbsfilet rundherum 3–4 Minuten anbraten, die Schalottenstreifen kurz mit anschwitzen. Den Wein zugießen und die Kartoffeln, die Oliven, die Chiliringe, den bunten Pfeffer sowie die Thymianblättchen zugeben. Zugedeckt 25 Minuten köcheln lassen.
Die Haselnüsse in einer Pfanne fettlos rösten.
Zum Servieren das Kalbsfilet in Scheiben schneiden und mit den Kartoffeln, Oliven, Chiliringen und den gerösteten Haselnüssen auf Tellern anrichten. Mit der Salzblüte bestreuen und sofort auftragen.

5. Haselnusseis mit Cognac

> Für 4 Personen
> Zubereitung 15 Minuten

- 50 g getrocknete geschälte Haselnusskerne
- 24 frische Haselnusskerne
- 500 ml Vanillesauce
- 300 ml Crème fraîche
- 3 EL Cognac
- 12 Weintrauben
- 2 Zweige frische Minze

Die getrockneten Haselnusskerne in der Pfanne rundherum goldbraun rösten und anschließend grob hacken.
Die Vanillesauce mit der Crème fraîche und dem Cognac verrühren.
Die Mischung in die Gefriertruhe stellen oder in eine Eismaschine geben. Sobald sie leicht anzieht, die gehackten Haselnüsse unterrühren und die Eismaschine wieder einschalten bzw. die Eismasse zurück in die Gefriertruhe stellen. In diesem Fall regelmäßig mit einer Gabel umrühren, damit sich möglichst feine Eiskristalle bilden.
Während das Eis fest wird, die Weintrauben schälen. Die Minze waschen, abtrocknen und in Streifen schneiden.
Das Eis mit den Trauben und den frischen Haselnüssen in Gläsern anrichten und mit der Minze garnieren. Sofort servieren.

6. Apfeltörtchen mit Haselnüssen

> Für 4 Personen
> Vorbereitung 15 Minuten
> Backzeit 15–20 Minuten

* 1 Paket Mürbeteig (Fertigprodukt)
* 2 große Äpfel
* 20 getrocknete Haselnusskerne
* 12 frische Haselnusskerne
* 1/2 Zitrone
* 50 g Butter
* 2 EL feiner Zucker
* 4 halbe TL Honig
* 2 EL Aprikosenmarmelade

Den Saft der Zitrone auspressen.
Die Äpfel schälen und halbieren. Die Kerngehäuse entfernen.
Den Teig zu vier gleich großen Kreisen ausrollen und damit vier kleine Tartelette-Formen auskleiden.
Den Ofen auf 180 °C vorheizen.
Die getrockneten Haselnüsse im Mixer hacken. Mit der Butter und dem Zucker vermengen.
In jede Tartelette-Form eine Apfelhälfte einsetzen. Mit einem spitzen Messer ein Loch aus der Wölbung herausschneiden und mit der Butter-Haselnuss-Mischung füllen. Mit je 1/2 Teelöffel Honig überziehen und im Ofen 15–20 Minuten goldbraun backen. Den Garprozess regelmäßig kontrollieren. Die fertigen Apfeltörtchen etwas abkühlen lassen.
Die Aprikosenmarmelade pürieren, in einem kleinen Topf zerlassen und die Törtchen damit einpinseln. Mit den frischen Haselnüssen dekorieren.

Walnuss

Der Walnussbaum, in Europa seit vielen tausend Jahren beheimatet, wird langsam groß, weshalb man ihn traditionell für kommende Generationen pflanzt. Eine glatte grüne Außenhaut umhüllt seine hellbraunen Steinfrüchte, deren gefurchte Kerne aus zwei Hälften bestehen und überaus schmackhaft und gehaltvoll sind.

1. Glasiertes Baby-Gemüse mit Walnüssen

> Für 2 Personen
> Vorbereitung 10 Minuten
> Garzeit 15 Minuten

- 10 Baby-Möhren
- 10 kleine weiße Rüben
- 20 Walnusskerne
- 6 Schnittlauchhalme
- 1 EL Olivenöl
- 1/2 TL Instant-Kalbsfond
- 1 EL feiner Zucker
- 1/2 TL zerstoßener bunter Pfeffer
- 1/2 TL Salzblüte

Den Schnittlauch waschen, abtrocknen und in Röllchen schneiden. Das Gemüse waschen und abbürsten. In einer Sauteuse in dem Olivenöl 2 Minuten anschwitzen.

Den Kalbsfond in einem halben Glas heißen Wasser auflösen. Über das Gemüse gießen und zugedeckt 12 Minuten garen. Den Zucker und die Walnüsse untermengen und bei lebhafter Hitze 2 Minuten weitergaren.

Das Gemüse mit dem bunten Pfeffer, der Salzblüte und den Schnittlauchröllchen bestreuen und sofort servieren.

2. Walnussuntersetzer

Walnüsse sind ein wunderbarer Wärmespeicher. Die Walnüsse mit Klebstoff zusammenkleben und rundherum mit einem Holzrahmen fixieren, damit sie während des Trocknens zusammenhalten.

3. Salat aus Champignons, Rucola, Walnüssen, gebratenem Speck und Koriandergrün

> Für 2 Personen
> Vorbereitung 10 Minuten
> Garzeit 3 Minuten

- 150 g Champignons
- 1 Hand voll Rucola
- 50 g Walnusskerne
- 3 Zweige frisches Koriandergrün
- 6 Scheiben geräucherter Speck
- 1/2 Zitrone
- 1 TL Meaux-Senf (grober Senf)
- 1 EL Balsamico-Essig
- 2 EL Olivenöl
- 1/2 TL zerstoßener bunter Pfeffer
- 1/2 TL Salzblüte

Den Rucola und das Koriandergrün waschen und gut abtropfen lassen oder trockenschleudern. Die Zitrone auspressen.

Die Champignons abreiben, die Stielenden kappen. Die Pilze in Scheiben schneiden und mit dem Zitronensaft beträufeln.

Den Senf mit dem Balsamico und dem Olivenöl verrühren.

Den Speck in einer beschichteten Pfanne in 3 Minuten knusprig braten.

Den Rucola, die Champignons und die Walnüsse auf Tellern anrichten. Mit der Vinaigrette überziehen und den Speck darauf verteilen. Mit dem bunten Pfeffer und der Salzblüte bestreuen, mit dem Koriandergrün dekorieren und servieren.

1

2

3

4. Ziegenkäsebällchen mit gehackten Walnüssen und Portulak

> Für 2 Personen
> Zubereitung 10 Minuten

* 1 Ziegenfrischkäse (Typ „Chavroux")
* 12 Walnusskerne
* 1 Hand voll Portulak
* Salz und Pfeffer

Den Portulak waschen und abtropfen lassen oder trockenschleudern. Die Hälfte der Blätter hacken.
Den Ziegenkäse mit einer Gabel zerdrücken, salzen, pfeffern und den gehackten Portulak untermengen.
Die Walnüsse hacken.
Aus der Käsemasse kleine Bällchen formen und in den gehackten Walnüssen wenden. In den Kühlschrank legen, damit sie etwas fester werden.
Zum Servieren die restlichen Portulakblätter und die Ziegenkäsebällchen dekorativ auf Tellern anrichten.

5. Kaffee-Walnuss-Fondant mit Trockenrosen

> Für 6 Personen
> Zubereitung 30 Minuten (am Vortag)

* 500 g Löffelbiskuits
* 200 g Walnusskerne
* 4 gehäufte EL löslicher Kaffee
* 250 g Butter
* 2 Eigelbe
* 200 g feiner Zucker
* 5 kleine getrocknete Rosen

Die Löffelbiskuits und die Walnüsse hacken, 8 Walnüsse für Dekorationszwecke zurücklegen.
Den Kaffee in 250 ml heißem Wasser auflösen. Die Butter in einem Topf auf kleiner Flamme zerlassen.
Die gehackten Löffelbiskuits und Walnüsse, den Kaffee, die Eigelbe, die zerlassene Butter und den Zucker verrühren. Sobald die Masse glatt ist, in eine mit Frischhaltefolie ausgekleidete Form füllen. Mindestens 12 Stunden im Kühlschrank fest werden lassen.
Am Folgetag den Fondant mit der Folie aus der Form lösen und auf eine Servierplatte stürzen. Mit den getrockneten Rosen und den ganzen Walnusskernen dekorieren. Bis zum Servieren wieder in den Kühlschrank stellen. Dazu eine Vanillesauce reichen.
Ein „Fondant" bezeichnet süße, aber auch salzige Speisen, die auf der Zunge zergehen.

6. Walnusswein mit Vanille

> Ergibt 2 Liter
> Zubereitung 10 Minuten

* 12 unreife, grüne Walnusskerne
* 2 Vanilleschoten
* 3 Flaschen leichter Rotwein
* 50 cl Eau de Vie
* 500 g Würfelzucker

Die Walnüsse waschen und zerstoßen. In einem großen Topf oder Krug mit dem Wein, dem Eau de Vie, dem Zucker und den Vanilleschoten vermengen. Abdecken und an einem dunklen Ort 3 Monate ziehen lassen.
Den Walnusswein filtrieren und in Flaschen abfüllen.
Als Aperitif servieren.

7. Kiwi-Passionsfrucht-Salat mit Walnüssen

> Für 2 Personen
> Zubereitung 10 Minuten

* 2 Kiwis
* 2 Passionsfrüchte
* 8 Walnusskerne
* 2 Zweige frische Minze
* 1/2 Zitrone

Die Minze waschen und abtrocknen.
Die Kiwis schälen und in Scheiben schneiden. Den Saft der Zitrone auspressen und über die Kiwischeiben träufeln. Die Passionsfrüchte halbieren und das Fruchtfleisch herauslöffeln.
Einige Kiwischeiben in die Gläser oder Schalen füllen, das Passionsfruchtfleisch darauf verteilen und mit weiteren Kiwischeiben bedecken.
Mit den Walnusskernen garnieren und den Minzezweigen dekorieren. Gut gekühlt servieren.

8. Walnusskonfekt mit Marzipan

> Ergibt 12 Stück
> Vorbereitung 20 Minuten
> Garzeit 5 Minuten

* 12 Walnusskerne
* 2 Päckchen Rohmarzipan
* 12 Stück Würfelzucker
* 1/2 TL Zitronensaft
* 12 Stück Pralinenpapier

Einen Karamell kochen: Den Würfelzucker mit etwa 150 ml Wasser in einen beschichteten Topf geben und langsam erhitzen. Nicht umrühren. Von Zeit zu Zeit den Topf neigen und die Färbung kontrollieren. Sobald der Karamell goldbraun ist, vom Herd ziehen und den Zitronensaft zugeben, damit er nicht aushärtet.
Die Walnusskerne durch den Karamell ziehen und abkühlen lassen.
Die Marzipanmasse zu kleinen Kugeln formen. Auf jede Kugel einen karamellüberzogenen Walnusskern drücken und in die Pralinenförmchen setzen.
An einem trockenen, staubfreien Ort aufbewahren.

Marone

Sie wird auch Ess- oder Edelkastanie genannt und ist die einzige Nuss, die als Gemüse gereicht wird. Ihre stachelige Hülle verlässt sie im Moment der Reife und umschmeichelt die Hand beim Sammeln mit ihrer blanken braunen Schale. Geröstet oder gekocht, bricht diese auseinander und gibt ihren köstlichen Kern frei.

Maronen kochen

Die Maronen mit einem kleinen, spitzen Messer an der gewölbten Seite kreuzweise einschneiden und 10 Sekunden in kochendes Wasser tauchen.
Abgießen und schälen, solange sie noch heiß sind.
Eine Court-Bouillon zubereiten. Für die kurze Brühe 1 l Wasser mit einer Stange Sellerie, einem Bouquet garni, Salz und Pfeffer aufkochen und 20–30 Minuten köcheln lassen.
Die geschälten Maronen etwa 35 Minuten in der Court-Bouillon garen und anschließend abtropfen lassen. Die Maronen sind jetzt gebrauchsfertig für alle würzigen Zubereitungen. Für Süßspeisen die Maronen schlicht in Wasser garen.
Eine Alternative ist vorgegarte Ware aus der Dose oder dem Vakuumpack, beides ist im gut sortierten Gemüsehandel erhältlich.

1. Gesalzene Maronen zum Aperitif

> Für 4 Personen
> Vorbereitung 5 Minuten
> Garzeit 5 Minuten

* 300 g vorgegarte Maronen
* 50 g Butter
* 1 EL zerstoßener bunter Pfeffer
* 1 EL Salzblüte
* Kleine Holzspießchen oder Zahnstocher

Die Maronen 5 Minuten dämpfen.
Die Butter zerlassen und die Maronen darin wenden.
Den bunten Pfeffer auf einem Teller mit der Salzblüte vermengen.
Die Maronen von allen Seiten in der Gewürzmischung wenden und auf kleine Holzspieße oder Zahnstocher spießen.
Als *amuse-bouche* zu einem trockenen Aperitif servieren.

1

2. Perlhuhn mit Maronen und Rosmarin

> Für 4 Personen
> Vorbereitung 20 Minuten
> Garzeit 50 Minuten

* 1 Perlhuhn, küchenfertig
* 400 g vorgegarte Maronen
* 2 Zweige Rosmarin
* 50 g Butter
* 1 kleines Glas trockener Weißwein
* 1/2 TL zerstoßener bunter Pfeffer
* 1/2 TL Salzblüte

Den Ofen auf 200 °C vorheizen.
Den Rosmarin waschen und abtrocknen.
Das Perlhuhn in einen Bräter setzen und mit etwas Butter bestreichen. Die Maronen und die restliche Butter in Stücken um das Perlhuhn herum verteilen. Den Weißwein zugießen und den Rosmarin einlegen. Mit dem bunten Pfeffer und der Salzblüte würzen.
Das Perlhuhn im Ofen etwa 50 Minuten braten. Die Maronen von Zeit zu Zeit in der Pfanne wenden. Sofort servieren.

3. Pochierte Birnen mit Maronen und Sesam

> Für 2 Personen
> Vorbereitung 15 Minuten
> Garzeit 20 Minuten

* 2 Birnen (vorzugsweise Williams Christ)
* 100 g vorgegarte Maronen
* 1 TL Sesamsamen
* 300 ml weißer Süßwein
* 1 Vanilleschote
* 2 EL feiner Zucker
* 4 Zweige frische Minze
* 200 ml Vanillesauce

Die Birnen schälen und vierteln. Kerngehäuse entfernen.
Die Früchte mit der längs halbierten Vanilleschote 10 Minuten in dem Weißwein garen. Die Birnen aus dem Topf nehmen und abkühlen lassen. Den Topf wieder auf den Herd stellen, den Zucker in die Garflüssigkeit einrühren und 10 Minuten einkochen lassen.
Inzwischen die Minze waschen und abtropfen lassen.
Die Sesamsamen in einer beschichteten Pfanne 1 Minute rösten.
Die Maronen in der reduzierten Garflüssigkeit 10 Minuten garen.
Aus dem Topf heben und abkühlen lassen.
Die Birnenviertel mit der Vanillesauce und den Maronen in Gläsern oder Schalen anrichten. Mit den Sesamsamen bestreuen, den Minzezweigen dekorieren und sofort servieren.

3

4

4. Maronenmarmelade

> Ergibt 2 Gläser
> Vorbereitung 15 Minuten
> Garzeit 15 Minuten

* 400 g gegarte Maronen
* 1 Zitrone
* 250 g Kristallzucker
* 1 Vanilleschote

Den Saft der Zitrone auspressen.
Die Maronen mit dem Zitronensaft, der längs halbierten Vanilleschote und dem Zucker in einen Marmeladenkochtopf geben. 100 ml Wasser zugießen und unter Rühren einmal kurz aufwallen lassen. Zugedeckt über Nacht durchziehen lassen.
Am Folgetag die Mischung zum Kochen bringen, die Hitze etwas reduzieren und 10 Minuten leise köcheln lassen. Die Maronen etwas zerdrücken und die Marmelade in Gläser füllen.
Mit Frischhaltefolie bedecken.

5. Schokoladen-Maronen-Creme mit Schlagsahne

> Für 2 Personen
> Zubereitung 15 Minuten

* 150 g vorgegarte Maronen
* 1 EL Puderzucker
* 300 ml flüssige Sahne
* 50 g Zartbitterschokolade
* Sprühfertige Schlagsahne

Die Maronen in der Kartoffelpresse pürieren. Den Puderzucker und 200 ml der flüssigen Sahne zugeben und glatt rühren.
Die Zartbitterschokolade im heißen Wasserbad schmelzen lassen und die restlichen 100 ml flüssige Sahne unterrühren.
Die Maronencreme auf Gläser verteilen, mit der Schokolade auffüllen und im Kühlschrank durchkühlen lassen.
Vor dem Servieren mit einer Sahnehaube garnieren.

Pilze

Pfifferling, Morchel,
Steinpilz

Pfifferling

Der kleine dottergelbe Blätterpilz, auch Eierschwamm, Gelbling und im süddeutschen Raum Reherl genannt, verdankt seinen Namen dem pfeffrigen Geschmack: Pfefferling. Eine Kolonie leuchtender Pfifferlinge im Unterholz gleicht einem Schmuckkästchen voller Preziosen, und wer es entdeckt, freut sich wie ein König.

1. Zucchini gefüllt mit Pfifferlingen

> Für 2 Personen
> Vorbereitung 15 Minuten
> Garzeit 30 Minuten

* 2 runde Zucchini
* 100 g Pfifferlinge
* 4 dünne Scheiben durchwachsener Speck
* 2 Zweige frischer Thymian
* 4 EL Olivenöl
* 1/2 TL zerstoßener bunter Pfeffer
* 1/2 TL Salzblüte

Den Thymian waschen, abtrocknen und abzupfen.
Die Pfifferlinge behutsam abreiben, die Stielenden abschneiden.
Die Pilze bei großer Hitze in 1 Esslöffel Olivenöl 3–4 Minuten braten. Auf Küchenpapier abtropfen lassen und beiseite legen.
Die Zucchini waschen und abtrocknen. Einen Deckel abschneiden, mit einem Teelöffel das Fruchtfleisch herauslösen und hacken.
Das restliche Olivenöl erhitzen und das Fruchtfleisch mit der Hälfte des Thymians und dem bunten Pfeffer 3 Minuten anschwitzen.
Den Ofen auf 180 °C vorheizen.
Das Zucchinifleisch vorsichtig mit den Pfifferlingen vermengen und mit der Salzblüte würzen. Die ausgehöhlten Zucchini mit der Mischung füllen, in eine ofenfeste Form setzen und etwa 20 Minuten backen.
Den Speck in einer beschichteten Pfanne knusprig braten. Zum Servieren die gefüllten Zucchini auf Tellern anrichten und mit dem Speck garnieren. Mit etwas Olivenöl umträufeln und mit dem restlichen Thymian bestreuen.

2. Jakobsmuscheln mit weißen Bohnen und Pfifferlingen

> Für 2 Personen
> Vorbereitung 15 Minuten
> Garzeit 10 Minuten

* 6 Jakobsmuscheln, ausgelöst
* 200 g kleine weiße Bohnen
* 200 g Pfifferlinge
* 1 Scheibe geräucherter Speck
* 6 Schnittlauchhalme
* 2 EL Olivenöl
* 1/2 TL zerstoßener bunter Pfeffer
* 1/2 TL Salzblüte

Die Bohnen am Vortag einweichen und nach Packungsanleitung kochen. Am Folgetag mit dem Speck auf kleiner Flamme langsam wieder erhitzen.
Den Schnittlauch waschen, abtrocknen und in Röllchen schneiden.
Die Pfifferlinge behutsam abreiben, die Stielenden kappen.
In einer beschichteten Pfanne 1 Esslöffel Olivenöl erhitzen und die Pfifferlinge darin bei starker Hitze 5 Minuten braten. Aus der Pfanne heben und warm stellen.
Das restliche Olivenöl in der Pfanne erhitzen und das Jakobsmuschelfleisch von beiden Seiten je 2 Minuten braten.
Die Jakobsmuscheln, die Bohnen und die Pfifferlinge dekorativ auf Tellern anrichten. Mit dem Schnittlauch, dem bunten Pfeffer und der Salzblüte bestreuen und sofort servieren.

3. Tagliatelle mit Pfifferlingen

> Für 2 Personen
> Vorbereitung 10 Minuten
> Garzeit 5 Minuten

* 200 g frische Tagliatelle
* 100 g Pfifferlinge
* 8 Basilikumblätter
* 3 EL Olivenöl
* 50 g Parmesan
* 12 kleine schwarze Oliven
* 1/2 TL zerstoßener bunter Pfeffer
* 1/2 TL Salzblüte

Die Pfifferlinge behutsam abreiben, die Stielenden abschneiden.
Das Basilikum waschen und trockentupfen.
Einen großen Topf mit gesalzenem Wasser zum Kochen bringen.
In einer Pfanne 1 Esslöffel Olivenöl erhitzen und die Pfifferlinge darin 3–4 Minuten bei starker Hitze braten. Auf Küchenpapier abtropfen lassen.
Die Tagliatelle *al dente* kochen.
Den Parmesan mit einem Sparschäler oder Käsehobel hobeln.
Die Pasta abgießen, abtropfen lassen und mit einem Schuss Olivenöl übergießen. Mit den Pfifferlingen, dem Parmesan, den Oliven und dem Basilikum vermengen. Mit dem bunten Pfeffer und der Salzblüte bestreuen und sofort servieren.

4. Garnelen-Pfifferling-Spieße

> Für 2 Personen
> Vorbereitung 10 Minuten
> Garzeit 5 Minuten

* 10 Sägegarnelen *(crevettes roses)*, gegart
* 10 kleine Pfifferlinge
* 2 EL Olivenöl
* 1/2 TL zerstoßener bunter Pfeffer
* 1/2 TL Salzblüte
* 10 kleine Holzspieße

Die Garnelen von Kopf und Schalen befreien, das letzte Schwanzsegment daran lassen.
Die Pfifferlinge vorsichtig abreiben, die Stielenden abschneiden.
Das Olivenöl erhitzen und die Garnelen und Pfifferlinge bei lebhafter Hitze 3–4 Minuten sautieren.
Auf jeden Spieß je eine Garnele und einen Pfifferling stecken und mit dem bunten Pfeffer und der Salzblüte würzen.
Die Spieße zum Aperitif, beispielsweise zu einem Sherry, servieren.

2

3

5. Salat aus jungem Spinat, Äpfeln und Pfifferlingen

> Für 2 Personen
> Vorbereitung 10 Minuten
> Garzeit 5 Minuten

* 50 g junger Spinat
* 1 schöner Apfel (Golden Delicious oder Granny Smith)
* 150 g Pfifferlinge
* 2 Zweige Kerbel
* 3 EL Olivenöl
* 1 EL Pinienkerne
* 4 getrocknete Tomaten
* Saft von 1/2 Zitrone
* 1 EL Balsamico-Essig
* 1/2 TL zerstoßener bunter Pfeffer
* 1/2 TL Salzblüte

Den Spinat waschen und gründlich abtropfen lassen oder trockenschleudern. Den Kerbel waschen, trockentupfen und abzupfen.
Die Pfifferlinge vorsichtig abreiben, die Stielenden kappen.
In einer Pfanne 1 Esslöffel Olivenöl erhitzen und die Pfifferlinge darin bei starker Hitze 3–4 Minuten braten. Auf Küchenpapier abtropfen lassen. Die Pinienkerne 2 Minuten fettlos rösten.
Die getrockneten Tomaten in Streifen schneiden. Den Apfel waschen und vierteln, in ganz dünne Scheiben schneiden und mit dem Zitronensaft beträufeln. Die Spinatblätter, Apfelscheiben, Pfifferlinge, Pinienkerne und Tomatenstreifen dekorativ auf Tellern anrichten. Mit dem restlichen Olivenöl und dem Balsamico beträufeln. Die Salzblüte und den Kerbel darüber streuen und sofort servieren.

6. Kürbiscremesuppe mit Pfifferlingen

> Für 4 Personen
> Vorbereitung 20 Minuten
> Garzeit 20 Minuten

* 1 Potimarron-Kürbis (etwa 600 g; Orangefarbener Knirps)
* 200 g Pfifferlinge
* 200 ml Sahne
* 6 Schnittlauchhalme
* 1 EL Olivenöl
* 1/2 TL zerstoßener bunter Pfeffer
* 1/2 TL Salzblüte

Den Kürbis in Stücke schneiden, die Schale und das Kerngehäuse entfernen. Das Kürbisfleisch 15 Minuten dämpfen und anschließend mit 150 ml Sahne in der Küchenmaschine pürieren.
Den Schnittlauch waschen, abtrocknen und in Röllchen schneiden.
Die Pfifferlinge behutsam abreiben, die Stielenden kappen.
Die Pilze in dem Olivenöl bei starker Hitze 3–4 Minuten braten.
Zwei Drittel der Pfifferlinge im Mixer pürieren, den Rest warm stellen. Das Püree unter die Kürbismasse rühren.
Kurz vor dem Servieren die restliche Sahne zugießen und die Kürbiscremesuppe langsam wieder erhitzen. In Suppenschalen füllen und mit dem bunten Pfeffer und der Salzblüte bestreuen.
Die ganzen Pfifferlinge als Einlage auf die Schalen verteilen und mit dem Schnittlauch dekorieren. Sofort servieren.

Morchel

Dieser wabenartig zerfurchte, urwüchsige Pilz von kegelförmiger bis runder Gestalt taucht im Frühjahr unter Eschen und Pappeln auf und ist farblich kaum vom Humus zu unterscheiden. Innen hohl, gleicht er einer mysteriösen Kapsel, schmeckt würzig und verströmt einen verführerischen Duft.

1. Pochierte Birnen mit Morcheln und Zimt

> Für 2 Personen
> Vorbereitung 15 Minuten
> Garzeit 20 Minuten

* 2 vollreife Birnen (Doyenne du Comice oder Williams Christ)
* 100 g Morcheln
* 1 Zimtstange
* 500 ml trockener Weißwein
* 30 g Butter
* 150 ml Sahne
* 1 TL feiner Zucker

Die Birnen mit einem Sparschäler schälen, die Stiele stehen lassen. Die Früchte mit dem Zimt 15 Minuten in dem Weißwein pochieren. Die Morcheln gründlich waschen, dabei die wabenartigen Kammern sorgfältig von etwaigem Sand befreien. Die Butter in einer Pfanne zerlassen und die Pilze darin 6–7 Minuten sautieren. Mit der Sahne und dem Zucker in der Küchenmaschine pürieren.

Die pochierten Birnen aus dem Topf heben und beiseite stellen. Die Pochierflüssigkeit bei starker Hitze auf 150 ml einkochen lassen und unter die Morchelcreme rühren.

Die Birnen in Gläser oder Dessertschalen setzen und mit der Morchelcreme überziehen. Mit einigen Zimtspänen dekorieren und sofort servieren.

2. Morchelcremesuppe

> Für 2 Personen
> Vorbereitung 10 Minuten
> Garzeit 15 Minuten

* 200 g Morcheln
* 2 Schalotten
* 2 Zweige frischer Thymian
* 30 g Butter
* 200 ml Milch
* 100 ml Sahne
* 1/2 TL zerstoßener bunter Pfeffer
* 1/2 TL Salzblüte

Die Morcheln gründlich waschen, dabei die Waben sorgfältig von Sand befreien. Auf Küchenpapier abtropfen lassen.

Die Schalotten schälen und in Streifen schneiden.

Den Thymian waschen, abtrocknen und abzupfen.

Die Butter in einer Kasserolle zerlassen und die Schalotten darin glasig schwitzen. Die Morcheln und den Thymian zugeben und 6–7 Minuten mitschwitzen. Zwei ganze Morcheln beiseite legen. Die Milch zugießen und 5 Minuten weitergaren. Die Mischung in der Küchenmaschine pürieren.

Kurz vor dem Servieren die Sahne zugeben und die Suppe langsam wieder erhitzen. Auf Teller verteilen, die ganzen Morcheln als Einlage hineingeben. Mit dem bunten Pfeffer und der Salzblüte würzen und mit Röstbrot servieren.

1

2

3. Millefeuille von Foie gras, grünem Spargel und Morcheln

> Für 2 Personen
> Vorbereitung 15 Minuten
> Garzeit 10 Minuten

* 150 g angegarte Enten- oder Gänsestopfleber *(foie gras mi-cuit)*
* 12 Stangen grüner Spargel
* 100 g Morcheln
* 2 Zweige frischer Thymian
* 2 EL Olivenöl
* 1/2 TL zerstoßener bunter Pfeffer
* 1/2 TL Salzblüte

Den Spargel waschen und abtropfen lassen, die Enden abschneiden. Die Stangen der Länge nach halbieren.
Die Morcheln gründlich waschen, die Waben restlos von etwaigem Sand befreien. Abtropfen lassen und in nicht zu dünne Ringe schneiden.
Den Thymian waschen, abtrocknen und abzupfen.
In einer Sauteuse 1 Esslöffel Olivenöl erhitzen und den Spargel darin in etwa 10 Minuten garen. Den Garprozess beständig im Auge behalten.
In einer Pfanne das restliche Olivenöl erhitzen und die Morcheln darin 6–7 Minuten anschwitzen. Auf Küchenkrepp abtropfen lassen.
Die Stopfleber in dünne Scheiben schneiden.
Die Leberscheiben auf Tellern wechselweise mit dem grünen Spargel und den Morcheln aufschichten und mit dem bunten Pfeffer und der Salzblüte würzen. Mit dem Thymian garnieren und mit geröstetem Brot servieren.

4. Scampi-Spieße mit Morcheln

> Für 4 Personen
> Vorbereitung 10 Minuten
> Garzeit 10 Minuten

* 8 große Kaisergranate (oder Scampi)
* 12 Morcheln
* 1 Bouquet garni
* 2 Zweige Bohnenkraut
* 50 g Butter
* 1/2 TL zerstoßener weißer Pfeffer
* 1/2 TL Salzblüte
* 4 Holzspieße

In einem großen Topf reichlich Wasser mit dem Bouquet garni zum Kochen bringen. Die Kaisergranate hineingeben und 2 Minuten blanchieren. In einem Sieb abtropfen und abkühlen lassen.
Die Morcheln waschen und die Waben gründlich von Sand befreien. Auf Küchenpapier abtropfen lassen. Die Krustentiere bis auf das letzte Schwanzsegment schälen, Scheren und Schalen wegwerfen. Man verwendet nur die fleischigen Schwänze.
Das Bohnenkraut waschen, abtrocknen und abzupfen.
Auf jeden Spieß abwechselnd drei Morcheln und zwei Kaisergranatschwänze stecken. In einer Pfanne die Butter erhitzen und die Spieße darin von beiden Seiten 6–7 Minuten braten.
Die Spieße mit dem weißen Pfeffer und der Salzblüte würzen, mit dem Bohnenkraut garnieren und sofort servieren. Dazu einen gut gekühlten trockenen Weißwein reichen.

5. Feine Zucchini-Morchel-Tartes

> Für 2 Personen
> Vorbereitung 20 Minuten
> Garzeit 20 Minuten

* 1 Paket tiefgekühlter Blätterteig, aufgetaut
* 2 Zucchini
* 200 g Morcheln
* 2 Zweige Bohnenkraut
* 30 g Butter
* 2 Eier
* 1 EL Crème fraîche
* 1/2 TL zerstoßener bunter Pfeffer
* 1/2 TL Salzblüte

Den Ofen auf 180 °C vorheizen.
Zwei kleine Tarteformen buttern und mit dem Blätterteig auskleiden. Je einen Bogen Backpapier einlegen und mit getrockneten Bohnen oder Backlinsen auffüllen, damit der Teig beim Backen nicht aufgeht.
Im Ofen 10 Minuten blindbacken.
Die Morcheln waschen und sorgfältig von etwaigem Sand in den Waben befreien. Auf Küchenpapier abtropfen lassen.
Das Bohnenkraut waschen, abtrocknen und abzupfen.
Die Zucchini waschen, abtrocknen und der Länge nach in dünne Bänder schneiden. Eventuell einen Gemüsehobel oder Sparschäler zu Hilfe nehmen.
Die Butter in einer beschichteten Pfanne zerlassen und die Morcheln 6–7 Minuten sautieren. Die Hälfte der Pilze hacken und mit den Eiern und der Crème fraîche verrühren. Die Mischung in die vorgebackenen Tartes einfüllen und die Zucchinibänder und ganzen Morcheln darauf verteilen. Mit dem bunten Pfeffer und der Salzblüte bestreuen und 10 Minuten im Ofen backen.
Kurz vor dem Servieren mit dem Bohnenkraut bestreuen.

Steinpilz

Ein samtweicher brauner Hut, der manchmal aussieht wie ein Champagnerkorken, weiße bis olivgrüne Röhrchen und ein knolliger Stiel – das sind die äußeren Attribute des Königs unter den Pilzen, der sich nur mithilfe eines Messers dem Waldboden entreißen lässt. Sein Fleisch ist rein weiß und schmeckt delikat nach Nüssen.

1. Carpaccio von Foie gras und Steinpilzen

> Für 2 Personen
> Zubereitung 15 Minuten

* 150 g rohe Enten- oder Gänsestopfleber *(foie gras cru)*
* 150 g kleine feste Steinpilze
* 2 Zweige frischer Thymian
* 50 g Rucola
* 3 EL Olivenöl
* 1 EL Balsamico-Essig
* 1/2 TL zerstoßener bunter Pfeffer
* 1/2 TL Salzblüte

Den Thymian waschen, abtrocknen und abzupfen.
Den Rucola waschen und gründlich abtropfen lassen.
Das Olivenöl mit dem Balsamico verrühren.
Den Rucola auf Tellern verteilen und mit der Vinaigrette überziehen.
Die Steinpilze vorsichtig abreiben und in dünne Scheiben schneiden.
Die Stopfleber in dünne Scheiben schneiden.
Die Steinpilz- und die Leberscheiben mit dem bunten Pfeffer und der Salzblüte bestreuen und auf dem Rucola anrichten. Mit dem Thymian garnieren und sofort servieren.

2. Kräuterbrühe mit Steinpilzen

> Für 2 Personen
> Vorbereitung 10 Minuten
> Garzeit 12 Minuten

* 4 Zweige Kerbel
* 4 Zweige Estragon
* 4 Schnittlauchhalme
* 150 g Steinpilzhüte
* 1 Schalotte
* 1/2 EL Olivenöl
* Salz und Pfeffer

Die Kräuter waschen und abtrocknen. Den Kerbel und Estragon abzupfen, den Schnittlauch in Röllchen schneiden.
Die Steinpilzhüte behutsam abreiben und in Scheiben schneiden.
Die Schalotte schälen und fein hacken.
Das Olivenöl in einem Topf erhitzen und die Schalotte darin 2 Minuten anschwitzen. Die Kräuter sowie 1/2 Liter Wasser zugeben und mit Salz und Pfeffer würzen. Die Mischung 10 Minuten leise köcheln lassen.
Die Kräuterbrühe kochend heiß in tiefe Teller schöpfen und die Steinpilzscheiben darüber geben. Vor dem Servieren noch einige Minuten ziehen lassen.

1

2

3. Steinpilzsalat mit geräucherter Entenbrust, grünen Bohnen und Spargel

> Für 2 Personen
> Vorbereitung 20 Minuten
> Garzeit 15 Minuten

* 200 g kleine feste Steinpilze
* 8 Scheiben geräucherte Entenbrust
* 150 g grüne Bohnen
* 150 g grüner Spargel
* 2 Zweige Kerbel
* 4 EL Olivenöl
* 1 EL Balsamico-Essig
* 1/2 TL zerstoßener bunter Pfeffer
* 1/2 TL Salzblüte

Die grünen Bohnen putzen, waschen und 5 Minuten in kochendem Salzwasser blanchieren. Abtropfen lassen.
Den Spargel waschen, die Stielenden kappen. Die Stangen 5 Minuten in kochendem Salzwasser blanchieren. Abtropfen lassen und der Länge nach halbieren.
Den Kerbel waschen, trockentupfen und abzupfen.
Aus 3 Esslöffeln des Olivenöls, dem Balsamico und dem bunten Pfeffer eine Vinaigrette zubereiten.
Die Steinpilze vorsichtig abreiben und je nach Größe halbieren oder vierteln. In dem restlichen Olivenöl bei starker Hitze 4–5 Minuten sautieren.
Die Steinpilze, grünen Bohnen und den Spargel dekorativ auf Tellern anrichten und mit der Vinaigrette überziehen.
Die Entenbrustscheiben darauf arrangieren, mit der Salzblüte und dem Kerbel bestreuen und sofort servieren.

4. Gefüllte Steinpilze

> Für 2 Personen
> Vorbereitung 15 Minuten
> Garzeit 20 Minuten

* 250 g Steinpilze (darunter 2 große Exemplare)
* 4 Schnittlauchhalme
* 2 EL Olivenöl
* 1/2 EL zerstoßener bunter Pfeffer
* Salz

Den Ofen auf 180 °C vorheizen.
2 Schnittlauchhalme waschen, abtrocknen und in Röllchen schneiden.
Die Steinpilze abreiben, Hüte und Stiele trennen. Die beiden großen Hüte und einige kleinere Exemplare beiseite legen, den Rest grob hacken.
In einer Pfanne 1 Esslöffel Olivenöl erhitzen und die kleinen Steinpilze 3–4 Minuten anschwitzen, salzen und herausnehmen.
Die gehackten Steinpilze mit dem bunten Pfeffer und den Schnittlauchröllchen 3–4 Minuten in derselben Pfanne anschwitzen. Salzen.
Aus der etwas abgekühlten Masse zwei Kugeln formen und die zurückbehaltenen Hüte damit füllen. Die kleinen Steinpilze obenauf platzieren. Jeden Hut in ein Stück Backpapier einschlagen, fest verschließen und im Ofen 12 Minuten backen.
Die gefüllten Steinpilze auf Tellern anrichten und mit dem restlichen Olivenöl beträufeln. Mit je einem Schnittlauchhalm dekorieren und sofort servieren.

5. Filet vom Petersfisch mit Steinpilzen und Zucchini

> Für 2 Personen
> Vorbereitung 20 Minuten
> Garzeit 10 Minuten

- 2 Petersfischfilets
- 100 g Steinpilzhüte (die Stiele in Cognac eingelegt aufbewahren)
- 2 kleine Zucchini
- 2 Schnittlauchhalme
- 3 EL Olivenöl
- 1/2 TL zerstoßener bunter Pfeffer
- 1/2 TL Salzblüte

Die Steinpilzhüte abreiben und in Scheiben schneiden.
Die Zucchini waschen, abtrocknen und in feine Scheiben schneiden.
Den Schnittlauch waschen, abtrocknen und in Röllchen schneiden.
In einer Pfanne 1 Esslöffel Olivenöl erhitzen und die Zucchinischeiben darin 5 Minuten garen. Herausnehmen und warm stellen.
In derselben Pfanne einen weiteren Esslöffel Olivenöl erhitzen und die Steinpilzscheiben von jeder Seite 1 Minute braten. Warm stellen.
Den Saft in der Pfanne lassen, das restliche Olivenöl zugeben und die Petersfischfilets darin von jeder Seite 3 Minuten braten.
Die Zucchinischeiben auf Tellern zu einem Bett ausbreiten und den Fisch mit den Steinpilzen darauf anrichten. Mit dem bunten Pfeffer, der Salzblüte und den Schnittlauchröllchen bestreuen und sofort servieren.

6. Amuse-bouche mit Parmaschinken, Feigen und Steinpilzen

> Für 4 Personen
> Vorbereitung 15 Minuten
> Garzeit 5 Minuten

- 8 hauchdünne Scheiben Parmaschinken
- 4 vollreife Feigen
- 4 kleine feste Steinpilze
- 1 EL Olivenöl
- 16 kleine Basilikumblätter
- Salz und Pfeffer
- 16 kleine Holzspieße

Die Schinkenscheiben halbieren. Die Feigen waschen, die Stielansätze entfernen und die Früchte vierteln. Die Steinpilze abreiben und vierteln. In dem Olivenöl auf großer Flamme 4–5 Minuten sautieren. Salzen und pfeffern.
Das Basilikum waschen und trockentupfen.
Auf jeden Spieß je eine halbe Scheibe Schinken, ein Stück Feige, ein Stück Steinpilz und ein Basilikumblatt stecken und als *amuse-bouche* sofort servieren.

7. Steinpilze eingelegt in Olivenöl

> Für 1 Einmachglas
> Vorbereitung 15 Minuten
> Garzeit 1 Minute

* 300 g feste Steinpilze
* 500 ml Olivenöl
* 3 EL Essig
* 1 EL grobes Salz
* 2 Lorbeerblätter
* 2 Zweige Thymian
* 1/2 TL zerstoßene Pfefferkörner

Die Steinpilze abreiben und die Stiele sorgfältig putzen.
Die größten Exemplare vierteln.
In einem Topf 1/2 Liter Wasser mit dem Essig und dem groben Salz zum Kochen bringen. Die Steinpilze darin 1 Minute blanchieren. Abtropfen und abkühlen lassen.
Die Steinpilze abwechselnd mit dem Lorbeer, Thymian und den Pfefferkörnern in ein mit kochendem Wasser ausgespültes Weckglas einschichten. So viel Öl zugießen, dass die Pilze vollständig bedeckt sind. Fest verschließen und an einem dunklen Ort aufbewahren. Am Folgetag das von den Pilzen absorbierte Öl ergänzen, sodass sie weiterhin vollständig bedeckt sind.

8. Pochierte Eier auf Steinpilz-Duxelles mit gebratenem Speck

> Für 2 Personen
> Vorbereitung 20 Minuten
> Garzeit 20 Minuten

* 2 Eier
* 200 g Steinpilze
* 2 Scheiben durchwachsener Speck
* 2 getrocknete Tomaten
* 2 Zweige Basilikum
* 1/2 TL Salzblüte
* 2 EL Olivenöl
* 1/2 TL zerstoßener bunter Pfeffer

Den Ofen auf 180 °C vorheizen.
Die Steinpilze abreiben und grob hacken. Die getrockneten Tomaten in Streifen schneiden. Das Basilikum waschen und trockentupfen. Zwei Blätter für Garniturzwecke beiseite legen, den Rest in Streifen schneiden.
Die Pilze mit den Tomatenstreifen, dem Basilikum und der Salzblüte vermengen. Zwei Auflaufförmchen mit Öl einpinseln und die Mischung einfüllen. Im heißen Wasserbad im Ofen 15 Minuten garen. Inzwischen den Speck in der Pfanne knusprig braten.
In einem Topf 1/2 Liter Wasser mit einem Schuss Essig zum Sieden bringen. Die Eier vorsichtig mithilfe einer Schöpfkelle hineingleiten lassen und 3–4 Minuten pochieren. Die Steinpilz-Duxelles auf Teller stürzen und die pochierten Eier mit dem Speck darauf anrichten. Mit je einem Basilikumblatt dekorieren. Mit einem Esslöffel Olivenöl umträufeln, dem bunten Pfeffer bestreuen und sofort servieren.

6

7

8

Anhang

Verzeichnis der Rezepte, Danksagung

Amuse-gueules

Vorspeisen und Salate

Fleisch und Fisch

Gemüse und Pasta

Käse

Desserts

Getränke

Honig, Marmeladen und Gelees

Eingelegtes und Gewürze

Tisch- und Wandschmuck

Ein großes Dankeschön an Nathalie und Philippe, die mich so gastfreundlich in ihrem Haus empfangen und mir ihren wunderschönen Garten zur Verfügung gestellt haben. Einen Dank an das Ateliers Couleurs in Ceton für die Bereitstellung des Geschirrs und anderer Accessoires. Dank auch an Jacques für seine Geduld, seine Unterstützung und die vielen geopferten Wochenenden! Und einen Dank an Thomas dafür, dass er nicht alle Himbeeren aufgegessen hat.

Aus dem Französischen übersetzt von Helmut Ertl
Redaktion: Bettina Rubow
Korrektur: Petra Tröger
Umschlaggestaltung: Caroline Georgiadis, Daphne Design
Satz und Herstellung: Studio Fink, Krailling

Unser Verlagsprogramm finden Sie unter www. christian-verlag.de

Die Originalausgabe mit dem Titel Cueillez, c'est prêt wurde erstmals 2004 im Verlag Les Éditions du Chêne – Hachette Livre, Paris, veröffentlicht

Text: Marianne Paquin
Fotos: Marianne Paquin, Marc Lacour

Die Deutsche Nationalbibliothek verzeichnet diese Publikation in der Deutschen Nationalbibliografie; detaillierte bibliografische Daten sind im Internet über http://dnb.d-nb.de abrufbar.

Gesamtherstellung: Verlagshaus GeraNova Bruckmann GmbH
Printed in Slovenia by Korotan Ljubljana d.o.o.

ISBN 978-3-86244-046-7

Christian Verlag
Postfach 400209
80702 München
E-Mail: lektorat@verlagshaus.de

DIE AUTORIN: Marianne Paquin ist kreative Köchin, Stylistin und Fotografin. Sie arbeitet für alle wichtigen Zeitschriften im Bereich Kulinarik, Dekoration und Kunst. Außerdem ist sie Autorin zahlreicher Bücher zum selben Themenbereich.